A*t*V **DOKUMENT UND ESSAY**

HEINRICH MANN, geboren 1871 in Lübeck, gestorben 1950 in Santa Monica (Kalifornien); sein Werk umfaßt zwanzig Romane, zahlreiche Novellen und Essays, mehr als zehn Dramen und Hunderte von zeitkritischen Aufsätzen; 1933 Ausschluß aus der Preußischen Akademie der Künste, Emigration nach Frankreich; 1940 über Spanien in die USA; 1944 Mitbegründer des Aurora-Verlages, New York; 1949 Annahme der Berufung zum Präsidenten der neu zu gründenden Akademie der Künste zu Berlin (DDR), stirbt kurz vor seiner geplanten Rückkehr nach Deutschland.

ARNOLD ZWEIG, geboren 1887 in Groß Glogau (Schlesien), gestorben 1968 in Berlin; Romanautor, Novellist, Essayist; Studium der Germanistik, Philosophie, Psychologie und moderner Sprachen u. a. in Breslau, München, Berlin; Armierungssoldat in Serbien und vor Verdun, ab 1917 Schreiber und Zensor in der Presseabteilung Ober-Ost; 1919-1924 als freier Schriftsteller am Starnberger See, danach in Berlin; 1933-1948 Exil in Palästina; Mitbegründer der Emigrantenzeitschrift »Orient«; 1948 Rückkehr nach Berlin (Ost), dort Präsident der Akademie der Künste (1950-1953).

Diese neuerschlossenen Arbeiten Heinrich Manns und Arnold Zweigs verstehen sich als Beiträge zur kritischen Analyse des »Führerprinzips« und der geistigen Physiognomie des »Typus Hitler«. Betroffen über autoritäre Machtstrukturen im Dritten Reich und deren Folgen, erörtern die Autoren engagiert mit Prägnanz wie mit satirischer Schärfe die Ursachen für das Funktionieren einer Diktatur und die »Stillegung der Vernunft«.

Heinrich Mann

# Das Führerprinzip

Arnold Zweig

# Der Typus Hitler

Texte zur Kritik der NS-Diktatur

Aufbau Taschenbuch Verlag

Herausgegeben von Werner Herden

ISBN 3–7466–0056–1

1. Auflage 1991
© Aufbau Taschenbuch Verlag GmbH, Berlin
Reihengestaltung Sabine Müller, FAB Grafik–Design, Berlin
Einbandgestaltung Sabine Müller, FAB Grafik–Design, Berlin
unter Verwendung der Kohlezeichnung »Aufmarsch der Nullen« von Werner Held
Druck Elsnerdruck
Printed in Germany

# Inhalt

Texte Heinrich Manns
    Die Diktatoren .................................................................... 9
    Das Führerprinzip ............................................................. 14
    Das weiß eigentlich jeder ................................................. 18
    Die Fürchterlichen ............................................................ 21
    Der herrschende Typ ........................................................ 25
    Der kommende Mann ...................................................... 33
    Größe und Elend Europas ................................................ 39
    Rückblick vom Jahre 1941 auf das Jahr 1939 (Auszug) .. 44
        Der Schreiber stellt sich vor ...................................... 44
        »Vernichtung« .............................................................. 48
        Atonaler Name ............................................................ 51
        Darlan klingt besser ................................................... 56

Texte Arnold Zweigs
    Deutsche Hintergründe .................................................... 63
    Alldeutsche voran! ............................................................ 68
        1. ................................................................................. 68
        2. Heimkrieger Goebbels ........................................... 69
        3. Gefährlicher Infantilismus .................................... 70
        4. 1934, 1939 ............................................................ 71
        5. Anfang und Ende .................................................. 73
    Lesestücke für Schüler ...................................................... 75
        1. Maßstäbe ............................................................... 75
        2. Die Schießscheibe ................................................. 75
    Der Typus Hitler (Entwurf) ............................................ 77
    Der Typus Hitler .............................................................. 82
        Einleitung .................................................................... 82
        1. Kapitel: Wie Kipling ihm begegnete ..................... 85
        2. Kapitel: Hitler, der Wilde ...................................... 88
        3. Kapitel: Das Werkzeug ......................................... 91
        4. Kapitel: Hitler – Rasputin ..................................... 94
        5. Kapitel: Das Triebleben ........................................ 100
        6. Kapitel: Deutsche Geschichte ............................... 102

7. Kapitel: Die Pflicht der Wirklichkeit ...................... 105
8. Kapitel: Infantilität ................................................ 108
9. Kapitel: Wunsch und Wirklichkeit ....................... 111
10. Kapitel: Warum Herr Hitler kein Genie ist ........... 115

Anhang
Nachwort ................................................................... 121
Anmerkungen ............................................................. 127
Quellennachweis ......................................................... 132

# Texte Heinrich Manns

# Die Diktatoren

Die Diktatoren sind große Männer, schon der Name sagt es; wären sie keine großen Männer – wie hätten sie Diktatoren werden können? Sie werden umjubelt von Nationen, die auch wieder groß sind, und wäre es nur zahlenmäßig. Unter der Diktatur ist das Entscheidende immer die Zahl. Die Diktatoren lassen sich bestätigen durch Volksabstimmungen, bei denen sie nahezu die Gesamtheit der Stimmen auf ihre Person vereinigen. Jede andre Regierung, ob Monarchie oder Republik, ist schon froh, wenn sie 51 Prozent hat; nur sie gehn aufs Ganze.

Was sie haben müssen, sind Kundgebungen ungeheurer Massen zu ihren Ehren und Ovationen mit Dauerbetrieb. Sie brauchen hohe Mauern, die sie von oben bis unten bekleben können mit ihrem unmäßig vergrößerten Bildnis. Vor einem strengen Gesicht ziehn die Massen vorbei und grüßen es mit erhobenem Arm, während die bewaffneten Prätorianer der Diktatur sie wachsam umgeben. Alle müssen in fortwährender Furcht vor Schlägen leben! Wenn drei oder vier solcher Prätorianer ein Lokal betreten, ziehn sämtliche Gäste es vor, den Kopf zu senken.

Um sich den Geistern aufzudrängen, verfügen die Diktatoren über eine Erfindung, die sie gebührend zu schätzen wissen; es ist der Rundfunk. Erstens reden sie hier garantiert allein; es ist nicht wie in den früheren Parlamenten. Der Herr ist, wem niemand antworten kann. Seine scheußlich verstärkte Stimme kommt, man weiß nicht woher, wahrscheinlich vom Himmel herab. Er äußert mit letztem Nachdruck seinen unwiderruflichen Willen: Da erkennt die vor den Schicksalsapparaten restlos versammelte Nation ihre eigne Bestimmung und Wesensart. Denn der Diktator droht, schreit, spuckt und erstickt in ihrem Namen. Selbst wenn sie nicht durchaus begeistert wäre, genügt ein wenig Entgegenkommen, dann kann sie aufgehn in ihrem Herrn und sich für stark halten, da er doch sagt, er sei unwiderstehlich. So will diese Nation behandelt werden, dann ist sie zufrieden.

Überschätze man indessen nicht die Macht der Suggestion, wie Diktatoren sie wirklich ausüben. Die Nation gibt sich vielleicht nur den Anschein blinder Unterwerfung. Nicht alles in der Haltung der Massen ist mystischer Herdentrieb; mit den Schlauen und den Feigen muß man gleichzeitig rechnen. Hinzu kommt die Anziehung durch den Glanz der Zeitgemäßheit; denn die Diktatur ist große Mode. Dieser Glanz verschafft ihr ja sichtlich internationale Vorteile. Die Demokratien, die doch die Stärkeren sind, erweisen dem Diktator merkwürdige diplomatische Aufmerksamkeiten, als ob es sich darum handelte, die Nerven hübscher Frauen zu schonen. Wie soll man sich dann wundern, daß die Untertanen der Diktatoren sie anschwärmen wider besseres Wissen und ihnen eifrig den Hof machen, obwohl sie sie kennen?

Viele ihrer Untertanen fallen ihnen nicht hinein auf das großmächtige Getue und den berückenden Schwindel. Sie sind den Dingen nahe genug, sie haben einen Begriff von all den erstaunlich kleinen Zügen des Götzen – schließlich war auch er nur ein Kleinbürger gewesen wie so viel andre, und wird in seinen Handlungen noch immer bestimmt von ursprünglichen Vorurteilen und alten Haßgefühlen. Solch ein allmächtiger Diktator findet sich nicht etwa zu gut, noch nach zehn Jahren den Bruder eines seither verstorbenen Arztes verhaften zu lassen, weil der Arzt sich abfällig geäußert hatte über die geistigen Fähigkeiten des künftigen Diktators. Unter den deutschen Emigranten ist ein Dichter, wundervoll und arm; er hat nichts weiter verbrochen, als daß er vor langer Zeit den Stil des großen Mannes schlecht besprochen hat. Das alles reicht weit zurück bis in die dunkle Vergangenheit eines Verkrachten. Nun, und der Rassenfanatismus! Die Feindschaft gegen Fremdstämmige! Ihr akuter Ausbruch ist verursacht durch Keime, die einst in das Hirn eines schwach begabten Knaben eingeführt wurden. Irgendein Landschulmeister tat das, auf Grund von Lehrbüchern, die für einen fortschrittfeindlichen Unterricht berechnet waren.

Alles läuft bei solchen Völkerführern auf die verbrauchtesten Gemeinplätze hinaus. Diese sind später durch schlecht verdauten Lesestoff vermanscht worden, niemals aber wurde ein Gedanke selbständig erworben. Nationalismus, Rüstung und Eroberungen – sonst kennen sie nichts. Die Gewaltherrschaft vermittels einer militärisch organisierten Partei – das nennen sie nationale Erhebung. Die Knechtung der Massen zum Nutzen einer kleinen Gruppe von Ausbeutern – anders können sie sich die Wirtschaft nicht vorstellen. Sie sind ein bißchen ältlich, diese Erneuerer! Ein bißchen impotent stehn sie vor der Aufgabe, die Welt vorwärtszubringen! Sie sind auch nur da, damit sie zurückbleibt. Das ist ihnen dunkel bewußt, und ihr Haß auf die Intellektuellen, die Internationalisten, die Sozialisten ist ein ganz persönlicher Haß: das Bedürfnis halbgebildeter, ebenso verworrener wie gewalttätiger Menschen, sich zu rächen an denen, die ihnen selbst, trotz allen erdrückenden Zwangsmitteln, überlegen sind.

Man muß sich nur klarwerden, welchem Vorgang man zu dieser Zeit beiwohnt: der reißenden, unheilbaren Entartung der Diktatur, einer Regierungsform, die zurückblickt auf einen Napoleon. Der allerdings vertrat den neuen Ideen nicht den Weg; er eroberte ihnen den Erdkreis vermöge von Siegen auf wirklichen Schlachtfeldern. Er hatte sich offenbar gesagt, daß eine Diktatur nur zu rechtfertigen ist, wenn sie zur militärischen Sage wird, und daß das Gesetz der Diktatur der Krieg ist. Die heruntergekommenen Diktatoren eines andern Zeitalters ersetzen die Siege durch Drohungen und Erpressungen. Unter ihnen ist ein Ränkeschmied, der den Weltschiedsrichter spielt, aber immer sorgfältig darauf bedacht bleibt, daß er sich nur ja nicht schlagen muß. Zur Seite hat er einen Hysteriker: Der spielt Krieg, bei ihm muß der Friede aussehn wie toll. Sein Friede ist der, den ein Chronist des Nationalismus, Anatole France, schon im Jahre 1900 voraussah: »Unerbittlich wild, ein Friede voll Drohungen und Entsetzen, feuerspeiend und unserer würdig, grollend, donnernd, wetternd und Blitze schleudernd, ein Friede, der, furchtbarer als der fürchterlichste Krieg, das Weltall in eisigen Schrecken versetzt.«

Tatsächlich rechnen sie mit ihrer Politik einzig und allein auf den Schrecken der Welt. Sie soll sich durch bloße Drohungen gefügig machen lassen. Da sie schon so viele Menschen unter ihrer Fuchtel haben, fänden sie es nur natürlich, wenn sie auch noch die übrigen darunter bekämen. Daher zerreißen sie Verträge und fordern statt dessen ganze Erdteile zum Kolonisieren. Sicheren Schrittes verläßt der eine von ihnen den Völkerbund, und der andre rühmt sich, er werde diesen zerbrechen, was er drollig genug seine sittliche Kraft nennt. Sie bilden sich ein, in der Art könnten sie weitermachen, und hoffen sich noch lange allen Nutzen anzueignen aus einem Krieg, dessen Risiko sie lieber nicht übernehmen. In Wirklichkeit braucht man nicht erst zu fragen, ob sie aufrichtig Frieden wünschen. Sie sind Pazifisten, insofern sie entschlossen sind, sich mit Opfern zu begnügen, die sich aus Überzeugung auffressen lassen. Die andern Pazifisten freilich, die gutgläubigen, die haben sie erst einmal auf unwirtliche Inseln oder in Konzentrationslager befördert. Aber ihnen liegt unbedingt an der Dauer eines Friedens, wie sie ihn verstehn; denn der verspricht ihnen die Weltherrschaft, und ihre einzelnen Länder erhält er in einer fortwährenden Kriegspsychose, wodurch sie ihnen ausgeliefert sind. Mit einem echten Krieg wüßten sie nichts anzufangen: Sie sind keine Soldaten.

Grade die Diktatoren, die am meisten Betrieb machen, sind Zivilisten. Das ist ihr wunder Punkt. Wäre der Krieg erst einmal losgelassen, dann würden sie notwendig nicht mehr den ganzen Vordergrund einnehmen. Mit ihnen räumt nicht nur die erste Niederlage auf, sondern genauso auch ein Sieg: Die Macht ginge sofort über auf den siegreichen General. Jede Diktatur hält sich immer nur durch individuelle Erfolge, darum haben sie am meisten zu fürchten, daß ein Krieg ihnen Konkurrenten bringt, die sich festsetzen in der Volksgunst. Das sehn sie auch voraus und leben in der Angst vor möglichen Mitbewerbern. Der italienische Diktator entledigt sich ihrer auf seine Art, er schickt einen nach dem andern in die Wüste. Der deutsche möchte es zu gern ebenso machen, indessen hat er es mit einem ungemütlichen Burschen zu tun; der ist ihm zuvorgekommen und hat sich selbst zum General ernannt, ohne daß er deshalb ein echterer Militär geworden wäre als der andre.

Die Demokratien haben eine Chance. Sie, die einen wahrhaften, nicht unter der Last ewiger Drohungen wankenden Frieden wünschen, sie können eines in Rechnung stellen: die Furcht der Verfallsdiktatoren vor dem Krieg. Diese scheuen ihn in Wirklichkeit sehr viel mehr als die Demokratien. Die sterben nicht notwendig am Krieg, während er für die heutigen Diktatoren der sichere Absturz ist – aber grade für sie hat der Krieg auch Gesetzeskraft, er ist das Gesetz, nach dem die Diktaturen antreten. All ihr Treiben kann sie immer nur dem Krieg näher bringen. Unfähig, ihm ins Gesicht zu blicken, suchen sie ihr Heil in den Schlichen eines Gewaltfriedens. Die Aufgabe, ihnen das abzugewöhnen, ist einfach. Sobald sie an den Rechten kommen, werden sie klein werden – und werden damit nur auf ihre natürlichen Maße zurückgehn. Denn sie sind kleine Leute.

Es wäre das Ende eines Alpdrucks. Jetzt ist man noch imstande,

Schluß damit zu machen. Später wird der Krieg von selbst kommen, ein wirklich entschlossener Wille steht gar nicht dahinter. Er wird einfach darum kommen, weil Diktatoren da sind, und das um so gewisser, weil der Diktaturgedanke selbst in voller Zersetzung ist.

Die Vielzahl der Diktaturen und ihre Ausbreitung über die bewohnte Erde, die Diktatoreninflation – denn in jedem Land gibt es sie scheffelweise, sie sind beliebig zu ersetzen, und jeder hat wieder Unterdiktatoren von gleicher Gewalttätigkeit, ohne daß aber irgendeiner daran dächte, von grausamen Unterdrückungen und schamlosen Drohungen zur wirklichen Tat überzugehn –, hierin allein liegt der stärkste Grund der Anziehung, die dieses Regime ausübt auf so viele schwankende Geister, vor allem auf junge. Was gehört schon zu einer solchen Diktatur? Im Grunde ist sie bloß Anarchie, jeder Beliebige kann hoffen, mit hineinzukommen. Billig Diktator werden – das ist der allgemeine Traum in einer Welt, die Neigung hat, aus den Fugen zu gehn, und in einer geistig verwahrlosten Zeit.

Laßt dagegen einen Napoleon, einen wahren und einzigen Weltdiktator, sie in seine starre Ordnung pressen – alsbald würden sie sich darauf verlegen, zu seufzen nach der Freiheit.

# Das Führerprinzip

Mit dem Führerprinzip kam man heraus, als der mittlere Deutsche grade anfing, etwas weniger waschlappig zu werden. Sie hatten sich immerhin ein paar Erfahrungen gemerkt. Eine Staatsform, sicher ruhend von alters her auf dem Ansehen gesetzmäßiger Führer, war einfach zusammengekracht: das hatte ihnen doch zu denken gegeben. Wenn ihnen noch so oft gesagt wurde: »Wir haben den Krieg nicht gewollt, Schuld hatten die andern oder schlimmstenfalls das Verhängnis. Übrigens sind wir unbesiegt« – der Einzelne glaubte kein Wort. Nur die Masse machte aus Nationalstolz den Kopfsprung. Die Nachkriegsdeutschen waren nicht alle falsch. Viele wären für eine ernstgemeinte Demokratie durchaus zu haben gewesen, und diese hat nicht nur äußere Methoden, sondern einen sittlichen Inhalt.

Aber dann wurde ihnen von allen Seiten gesagt, sie sollten sich schämen. Außerdem kam die Krise. Was nun auch Unangenehmes vorfallen mag, nie wird eine autoritäre Regierung etwas dafür können. Wenn nicht einmal so mächtige Hände das Unheil haben aufhalten können, dann war es eben unvermeidlich. Ganz glatt aber liegt es in einer Demokratie, da sagt man den Leuten: »Ihr seid unglücklich? Das habt ihr davon. Warum wolltet ihr durchaus eigenmächtig handeln, ja sogar selbst denken? Warum habt ihr ersetzbare Vertreter gewählt, anstatt euch richtige Führer aufdrängen zu lassen und sie nie wieder loszuwerden? Jeder weiß doch, daß nur autoritäre Führer der Nation verantwortlich sind. Denen wird es nicht begegnen, daß sie die Nation aus Schwäche in eine Katastrophe hineinführen.« (Dann tun sie es, um sich aufzuspielen oder aus Unfähigkeit, aber darüber schweigt man.) Gleichfalls steht fest, daß nur gewählte Abgeordnete unser Hab und Gut verschleudern oder unterschlagen, denn sie entstammen ja unserem nächsten Umkreis und sollen auch bald in ihn zurückkehren. Führer dagegen, die uns nie im Leben eine Abrechnung vorzulegen brauchen, sind grade darum streng zuverlässig. Wenn diese schöne Logik vermittels vorgeschrittenster Propaganda bis in das hinterste Dorf gedrungen ist, dann ist das Rennen gemacht, und unter Heilrufen tritt in Tätigkeit das Führerprinzip.

Es ist auch danach. Es besteht in der Autorität von Leuten, die alles in allem keine haben. Aus alten Familien, Herrscherhäusern oder sonst welchen, stammen sie nicht. Andererseits haben sie sich nicht selbst gemacht: denn sie haben, näher besehen, nie das Geringste gemacht, zehn Jahre lang haben sie in Lautsprecher gebrüllt: »Das Führerprinzip! Zuerst mal Führer!« Weiter nichts, und jetzt sind sie da und sollen zeigen, warum sie so fürchterlich hinter der Macht hergewesen sind. Sehr einfach: sie wollten sie haben und behalten. Die neuen Führer sind keine undurchsichtigen Naturen. Unbeschwert von Pflichtgefühl, gleichen sie sich, so gut es geht, mit den Interessen aus. Gern machen sie halbe halbe mit jedem, der ihnen nur einige Gewähr bietet, daß sie bleiben dürfen – versuchen es immer abwechselnd mit den Kapitalisten, der Mittelklasse, den Bauern, den S. A. Nun ist aber keine dieser Gruppen ihnen uneigennützig ergeben, bei der ersten Enttäuschung fällt jede ab. Man könnte meinen, daß wenigstens die großen Industriellen nicht zu klagen haben über Hitler. Das scheint auch nicht zu stimmen. Sooft sie im Ausland in Sicherheit sind, sollen sie sich über ihren Freund den Mund zerreißen.

Die Mittelklasse und die Bauern können sich nicht so bequem erleichtern. Den S. A. steht es frei, Kommunisten zu werden, und das tun sie auch. Dann werden ihre Sturmtruppen aufgelöst und gehen ein in die Masse der Arbeitslosen. Das entbindet aber durchaus noch nicht von der Verpflichtung, das Regime und die Führer öffentlich zu rühmen und mitzugehn im Zug zu ihren Ehren. Dazu werden angehalten Arbeitslose so gut wie Arbeiter, die übrigens auch nicht besser bezahlt bekommen. Von allem etwas, ein Menschensalat sind diese kilometerlangen Züge. Stundenlang tritt man von einem Fuß auf den anderen, aber endlich erwischt man ein paar Sätze, die der von Staatsgeschäften hergeeilte Führer fallenzulassen geruht aus der Höhe seiner Tribüne. Alle Klassen sind hier in Tuchfühlung, sogar Herrschaften, deren Privatwagen nicht weit davon parken. Niemand wäre erstaunt, Herrn von Krupp oder Herrn Staatsrat Thyssen zu begegnen, obwohl ihre Beine vom langen Warten wohl leider geschwollen wären. Denn man muß ein gutes Beispiel geben. Außerdem hat man Angst. Feigheit und Berechnung in Millionen Exemplaren ergeben zusammen etwas Neues: fanatische Führerverehrung.

Furcht und Heuchelei sind die beiden Antriebe, durch die ein Führer ohne wirkliche Autorität doch wenigstens den Schein davon bekommt. Man würde ihn fortjagen, wenn er sich nicht in schreckenerregender Weise geschützt hätte. Man würde ununterbrochen Führerbeleidigungen ausstoßen, hätte er nicht Ohren überall. Und dann das gegenseitige Mißtrauen. Die früheren Rechtsparteien würden Monarchie machen, während die gesamte Linke nur noch Kommunismus will. Daher hält jeder vorsichtig seine Stellung. Da eines Tages Blut fließen soll, überläßt man der sogenannten Autorität, zu entscheiden, wann. Es wird immer noch früh genug sein, außerdem aber besteht Hoffnung auf eine auswärtige Ablenkung. Man denkt sich:

»Unser Herr und Meister, das hat sich jetzt herausgestellt, ist tief unter dem, was wir ihm zutrauten – wenigstens im Innern. Na egal, er wird uns ganz schön wieder aufrüsten für den nächsten Krieg. Ein Heerführer ist er ja nicht, bei ihm hat's nicht mal zum Unteroffizier gelangt. Dann verzichten wir auf ihn und machen die Sache selbst. Er soll uns bloß ankurbeln.«

Das ist es aber gerade, er kurbelt sie nicht an. Er wird freiwillig nicht Krieg anfangen, so viele Herausforderungen er sich erlaubt. Sein persönlicher Vorteil wäre es nicht, er ist kein Militär. Ferner müßte sein Regime sicher stehen, was es nicht tut, und er selbst müßte der Treue seiner Untertanen vertrauen, wovon er aber so weit als möglich entfernt ist. Da er im Innern nur Fehlschläge gehabt hat, tastet er fieberhaft Europa ab, auf der Suche nach schwachen Punkten, wo er sich zur Not vorwagen könnte. Beim ersten kräftigen Halt, das jemand ihm zuruft, erfaßt ihn bleiches Entsetzen, und er weicht zurück. Wenn er schließlich herfallen wird über einen der kleinen, ungeschützten Staaten, dann nur, weil er fest überzeugt ist, daß keiner der großen daran denkt, sich zu rühren. Er verläßt sich ganz und gar auf die Gleichgültigkeit und den Widerwillen der andern – deren Geduld aber doch wohl ihre Grenzen hat. → Führer als "Dummchen"

Fragen wir lieber nicht, was er in seines Herzens Kämmerchen halten mag von einer Nation, die ausgerechnet ihm Autorität zuerkennt, sowie von mehreren anderen Regierungen, die ihn von gleich zu gleich behandeln und manchmal sogar zu seiner Verfügung stehn. Das ist seine Sache. In gewissen Augenblicken bleibt ihm kaum ein Zweifel, wie es um ihn bestellt ist. Ihm ist nicht ganz unbekannt, daß er eine falsche Autorität eingeschmuggelt hat und daß er jemanden spielt, der er nicht ist.

Als es noch Zeit war, hat er nicht die richtigen Antworten bekommen; zum Beispiel ist ihm niemals ein Floquet begegnet. Char-

16

les Floquet war ein Jurist und Bürgersmann mit Gehrock und zwei langen Backenbärten wie Franz Joseph oder Offenbach. Er redete jeden mit Monsieur an. Als der Zar nach Paris kam, stellte Floquet sich an seinem Wege auf und rief hörbar: »Vive la Pologne, Monsieur!« Dem General Boulanger, der im Begriff stand, ein leibhaftiger Hitler zu werden, sagte Floquet ins Gesicht: »In Ihrem Alter, Monsieur, war Napoleon schon tot.« Worauf dann Boulanger baldigst Selbstmord beging. Und hatte doch die Armee, während alle Floquets zusammen nur Worte hatten. Aber Worte enthalten manchmal einen moralischen Widerstand, gegen den Waffen nicht aufkommen. Das Wort Floquets an Boulanger bedeutete erstens: »Sie werden niemals sechzig Schlachten gewinnen wie Napoleon, und ich auch nicht. Wir können einander die Hände reichen und jeder seinen womöglich anständigen Beschäftigungen nachgehn.« Zweitens: »Und wir brauchen keinen Napoleon wieder. Er war teuer genug und hat nicht gut geendet.«

Richtige Bürgersmänner, die fähig wären, solche endgültigen Worte zu sprechen, kommen nicht mehr vor: daher der mühelose Aufstieg der Führer. Wenn so einer dann glücklich oben ist, merkt er die Bescherung. Jetzt muß er aus sich das Unmögliche herausholen, damit nur ja die Popularität nie ausgeht, und doch läßt sie immer wieder nach. Denn sie war entstanden nicht aus der sittlich bewußten Zustimmung der Massen, sondern aus ihren Gefühlsausbrüchen, und die sind heftig, aber flüchtig. Auch ist er verurteilt, solange es mit ihm dauert, der Hochmeister zu bleiben über Konzentrationslager und Richtplätze, womit er wohl kaum gerechnet hatte. Er hatte geglaubt, nach dem anfänglichen Durchgreifen würde er das nicht mehr brauchen. Eine angezweifelte Autorität wird das nie los – nirgends, wo sie auch auftritt.

Die angeschminkte Autorität ist eine der Kundgebungen dieses Zeitgeistes. Die Zeitgenossen tun ihr Möglichstes, damit überall dieselben Ersatzführer aufkommen. Sie sind unschwer daran zu erkennen, daß Männer von Format, alle Männer von Format, sich mit Verachtung von ihnen abwenden. Indessen verdienen sie ein gewisses Interesse wegen der unberechenbaren Kosten, die sie zu verursachen drohen. Schon echte Führer sind kostspielig. Wie hoch aber beläuft sich erst die Rechnung für Völker, die Schwindlern aufgesessen sind? Großer Gott, was steht ihnen bevor!

# Das weiß eigentlich jeder

Die Frage »Warum sind wir langweilig?« kommt von einem, der es besonders genau wissen sollte. Wenn von der deutschen Literatur nur das weniger Wirksame im Land bleiben darf, das andere aber auswandern muß, dann erübrigt sich die Frage, besonders von seiten eines Goebbels. Der hat den Zustand selbst hergestellt. Der läßt nur schreiben und reden, was seinen Maßgaben entspricht. Alles muß möglichst aussehen wie von ihm selbst – und dann sollte es nicht langweilig sein? Eine öffentliche Stimme, die sich überall gleich bleibt! Eine einförmige geistige Haltung für alle! Eine Literatur ohne gewachsene Persönlichkeiten, ohne Gegensätze, ohne Kampf bringt künstlich das Wenige hervor, was nicht mißliebig ist, verzichtet auf voraussetzungsloses Erkennen der menschlichen Dinge und auf lebendige Leidenschaften. Nichts Erlebtes, nichts Angeschautes, wirklich Geglaubtes. Alles gestellt, alles bestellt, alles verstellt.

Man muß Leidenschaft haben für die eigenen Wahrheiten und Träume. Nach ihrer Übereinstimmung mit einer herrschenden Lehre darf nicht gefragt werden; sonst gibt es keine Literatur. Das gefährliche oder heroische Leben, das sind für den Künstler des Gedankens und der Anschauung die Entdeckungen in der eigenen Brust. Folgt er statt dessen Eingebungen, die nicht seine sind, dann wird er weder sich dienen noch seinen Auftraggebern, die ihn zum Dank langweilig nennen. Wer hat während der Republik sich darauf verlegt, geflissentlich republikanische Literatur zu machen? Niemand. Dennoch hat damals ein reiches geistiges Leben geherrscht – wie reich, wird jetzt erst klar, da kaum noch geistiges Leben herrscht. → Kulturverlust

Das ist demütigend für die Schriftsteller in Deutschland, zu fühlen: es herrscht kein geistiges Leben, es wird nur vorgetäuscht. Laut Verordnung dichten macht traurig und bleibt ergebnislos. Man ist doch genötigt, seine früheren, selbständigen Bemühungen zu vergleichen mit seinen heutigen, amtlich beschränkten und gelenkten. Wollte jemand zum Beispiel, auch ohne Marxist zu sein, das Leben Marx' als eines kämpfenden, leidenden, siegenden Menschen darstellen? Das darf er nicht. Gut; aber dann wird er selbst niemals weder kämpfen noch leiden und besonders nicht siegen. Denn ganze Gebiete des Menschlichen sind ihm verschlossen. Dagegen pumpt er irgendeine minderwertige Existenz entgegen seinem besseren Wissen zum großen Vorbild auf, nur weil das den Machthabern genehm ist und dem Autor vielleicht angerechnet wird. Das ist zweifellos sehr demütigend.

Wer das Unehrenhafte einer solchen Lage nicht empfindet, kommt für die Literatur überhaupt nicht in Betracht. Wer es aber empfindet und dennoch hinnimmt, wird persönlich uninteressant und bringt bestimmt nur Unwirksames hervor. Die erste Voraussetzung der Literatur ist die Ehre.

Man darf nicht bloß für Geld schreiben: das war schon immer bekannt. Eine neuere Feststellung ist, daß es auch nicht ratsam ist, aus Angst zu schreiben. Lieber gleichgeschaltet als ausgeschaltet, damit kann ein Bankier noch durchkommen, ein Schriftsteller nicht. Ihn schließt gerade sein Verzicht auf innere Ehrenhaftigkeit von seinem Beruf aus. Er wird nichts können und nichts erreichen – außer dem Allerverächtlichsten. Ein schändlicher Lohn, die Machthaber werfen ihn hin für eine unehrenhafte Leistung, die ihnen dienen soll. Aber sie dient ihnen gar nicht, sie ist viel zu unecht und ungekonnt: das merken die Interessenten zuerst. Natürlich bezahlen sie und sogar unangemessen hoch, 12 000 Mark für einige Knittelverse, wenn sie nur das vorige Zeitalter schlechtmachen, als Deutschland, sein Volk und sein Geist, frei waren. Schon die Höhe des ausgeworfenen Betrages muß Verdacht erregen und bringt denn auch jeden auf den Verdacht, daß hier keine Auszeichung, sondern Bestechung vorliegt. Wer sich aber bestechen läßt, ist verloren.

Wer sich bestechen läßt, das ist nicht nur der Preisgekrönte oder auf Ehrenstellen Zugelassene. Das ist jeder, der sein Gewissen unterdrückt und sich mitschuldig macht an allem im Lande begangenen Unrecht, zu schweigen von den Verbrechen. Mitschuldig, wenn es sich um Schriftsteller handelt, an der Entrechtung der Vertriebenen, den Martern der Gefangenen, und andererseits an der Erhöhung Unwürdiger. Jeder weiß doch: die einen leiden ohne Schuld, die anderen triumphieren ohne Verdienst, einfach, weil auf ihrer Seite die materielle Gewalt ist. Wer das aber weiß und nicht danach handelt, mit dem ist es aus. *Es wäre sehr zu wünschen, daß in*

*Deutschland einige Schriftsteller ihre Ehre herstellen und sich behaup-*
*ten lernen.*

Literatur kann es nur geben, wo der Geist selbst eine Macht ist,
anstatt daß er abdankt und sich beugt unter geistwidrige Gewalten.
Literatur kann es nur geben, wo sie frei heranwächst. Sie ist
eine Funktion der menschlichen Freiheit. Unter dem, was in unfreien
Staaten alsbald verkümmert und untergeht, ist unfehlbar die Literatur. Warum sie in Deutschland jetzt langweilig ist? Langeweile
wäre noch das Wenigste, wenn dieser Literatur sonst nichts fehlte.
Nicht vorhanden ist sie.

→ Kritik an kulturellen Verlust/nicht vorhanden sein
→ Erläuterung des wahren Schriftstellers
→ Wunsch für Dt. bzgl. Literatur

# Die Fürchterlichen

Einer von jenen jungen Italienern mit Ringellocken, die sich gleich Urwaldefeu ranken, gab folgende naive Erklärung für diese Haartracht: »Das geschieht, um fürchterlicher zu sein – per essere più terrible.«

Man hat ferner auch öfters Gelegenheit, die Züge eines gewissen Himmler, des allmächtigen Chefs der Hitlerschen Staatspolizei, zu bewundern. Wenn die Lust dazu ihn anwandelte, würde er sogar seinen Herrn und Meister verhaften. Jedenfalls hat er sich des Herrn von Fritsch bemächtigt, einer der Größen des deutschen Heeres, und des Barons von Rothschild, eines Abkömmlings der berühmtesten Finanzleute des neunzehnten Jahrhunderts. Er würde nicht einmal vor Otto von Habsburg zurückschrecken, dessen Ahnen seit Menschengedenken die Kaiserwürde innehatten. Dieser Polizist verbreitet Schrecken durch zahllose Untaten, vergißt dabei aber nicht, sich in Szene zu setzen, indem er sich auf Photographien bemüht, wie ein wilder Kater auszusehen. Er wäre bestimmt lieber ein Tiger; aber wie wäre ihm dies möglich, da er doch in Wahrheit lediglich ein mißratener Bürokrat ist, der sonst vollkommen bedeutungslos wäre.

Nur Nationalsozialismus und Faschismus haben es fertiggebracht, in normalen Zeiten verkannte kleine Lumpen oder selbst irgendeine liebenswürdige Null in furchterregende Wesen zu verwandeln. Faschismus und Nationalsozialismus unterdrücken die Völker. Da diese beiden Regimes alle sozialen Eroberungen aufheben, erniedrigen sie die Menschen noch tiefer als zur Zeit des Feudalwesens. Im Mittelalter ist man nicht darauf verfallen, sechzigtausend Menschen ihrer Provinz und ihrem Heim zu entreißen, um sie wie Vieh nach dem anderen Ende des Landes zu deportieren. Denn so geht die Einstellung von Arbeitern für die Hermann-Göring-Werke vor sich. Junge Mädchen aus dem Rheinland werden zu Nutzen und Frommen der Konservenfabriken in das Innere Deutschlands verschickt, ohne daß man auf ihre persönlichen Verhältnisse irgendwelche Rücksicht nimmt. Ein Dienstmädchen, eine Angestellte oder eine Lehrerin, der etwa einfiele, sich zu weigern, würde damit jeden Anspruch auf Arbeit verlieren – wenn man überhaupt noch vom Recht auf Arbeit sprechen darf.

Da aber jede Ungerechtigkeit durch neue Ungerechtigkeiten ausgeglichen werden muß, erstehen die Tyrannen der Massen aus den Massen selbst. Die Massen haben keinerlei Aussicht, eine würdige Existenz zu führen; dafür dürfen sie dem Regime fast das gesamte Personal stellen, die Himmlers in allen Größen. Man ist selbst ein Nichts, aber man hat die Genugtuung, andere Nichtse, ebenfalls in großer Zahl, bis zum Fürchterlichen aufsteigen zu sehen. Und diese mißbrauchen weidlich die Freiheiten, deren sie die anderen berauben. Sie bereichern sich auf Kosten der Allgemeinheit, sie führen das leichte Leben einer Oberklasse, der sie nicht angehören, sondern die sie sogar mit wildem Haß verfolgen. Menschen bürgerlicher oder adliger Abkunft, die beim Regime gut angeschrieben bleiben, sind namentlich im Lande Hitlers und Himmlers sehr selten. Das Regime braucht sie für das Ausland, mißtraut ihnen jedoch. Herr von Papen kommt aus der ewigen Sorge gar nicht heraus, und seine Sekretäre nur dadurch, daß man sie umbringt.

So sieht die neue »Demokratie« eines despotischen Regimes aus: es läßt den Leidenschaften und den Gelüsten einer möglichst zahlreichen Kundschaft freien Lauf, es mischt sich unter die Massen, nutzt sie nach Kräften aus, tut dabei aber verwandt mit ihnen und terrorisiert sie nach Strich und Faden. Daraus ergibt sich eine sogenannte »Demokratie«; sie ist eins mit einem minderwertigen Absolutismus, der darauf aus ist, die pervertierten Instinkte der Menschen und deren Dummheit auszuschlachten. Die einen fürchterlich zu machen, um die anderen besser zu unterdrücken – das ist das Entscheidende. Man erregt Furcht, zunächst bei den eigenen Staatsangehörigen, dann in der ganzen Welt. Wollten wir den Märchen Glauben schenken, die den zu Informationszwecken nach Deutschland gekommenen englischen Lords aufgetischt werden, so verfügt man in diesem Wunderlande über Hunderttausende von Flugzeugen. Man muß Abzüge vornehmen. Wenn es zweitausend wirklich brauchbare Flugzeuge gibt, ist das schon ganz schön.

Abessinien ist vielleicht noch nicht ganz in den Händen der Italiener. Trotzdem »packen« die Italiener in Abessinien »das britische Weltreich an der Gurgel« – das behauptet wenigstens in seinem Mussolini gewidmeten Buch »Die Wiedergeburt des Imperiums«

Professor Gruehl, der ehemalige Leiter der deutschen Abessinien—
und Nil-Expedition. Man ersieht daraus den Vorteil, zu zweit zu
sein und sich gegenseitig zu bescheinigen, daß der andere eine
fürchterliche Drohung bedeutet. Allerdings beeilen sich die Italiener, Professoren und andere, gar nicht so sehr, die deutsche Macht
zu verherrlichen. Der »Duce« steht mit seiner Verhimmlung des
»Führers« so ziemlich allein. Die Italiener haben bei dessen Anwe-
senheit in Rom und Neapel ihre Einstellung auf Umwegen zu erkennen gegeben: sie haben dem anderen, ihrem »Führer«, zugeju-
belt. Den haben manche vielleicht nicht einmal besonders gern —
aber sie demonstrierten immerhin mit einer Spitze gegen den, der
ihnen offensichtlich auf dem Gebiet des Fürchterlichen zu weit zu
gehen scheint.

Die Italiener, selbst die faschistischen Italiener, haben immer
noch Spuren ihres alten Skeptizismus. Ihr Sinn für das Natürliche
hatte es ihnen schon unmöglich gemacht, die Untertanen Wilhelms II. zu lieben. Und jetzt finden sie es um so schwieriger, den
neuen Gebieter Germaniens und seine Getreuen ins Herz zu schlie-
ßen. Vor dreißig Jahren eilte der »Untertan« des Kaisers aus eige-
nem Antriebe nach Italien und ergötzte sich am Anblick des kaiser-
lichen Reisenden, der dem König von Italien einen Besuch
abstattete. Die Eingeborenen wußten ihre Begeisterung zu dämp-
fen. Dieses Mal aber haben die Deutschen in Italien und die anderen, die zu Tausenden die Alpen überschritten hatten, ihren »Führer« nicht freiwillig, sondern auf dienstlichen Befehl begrüßt. Die
Italiener vergessen den Mann nicht, der gerade in Österreich ein-
gefallen ist und den Brenner besetzt hat. Weit schlimmer: sie sind
sich dessen bewußt, daß er es auf die Zerstörung des Christentums
und der zwei Jahrtausende lateinischer Zivilisation abgesehen hat.
Vor allem bietet er ihnen das Schauspiel eines Fürchterlichen, der
durch seinen ewigen Ernst fürchterlich künstlich wirkt. Wie vermag man dabei fürchterlich zu sein? Fürchterlich, ohne jemals zu
lächeln, ohne jemals zu zweifeln?

Im Jahre 1896 oder 1897 hat ein Bewohner der römischen Cam-
pagna folgendes große Wort ausgesprochen: »Wenn nur die Post
besser funktionierte, wäre Italien das erste Land der Welt.« Das war
zur Zeit der Niederlage bei Adua; aber der gute Mann und seines-
gleichen stellten sich damals nicht vor, daß die Achtung, die sie für
ihr Vaterland hegten, jemals von Abenteuern in fernen Ländern

abhängig wäre. Um die gleiche Zeit waren die Alldeutschen bereits bis zum Rande von jener abscheulichen Ideologie erfüllt, die heute zum Ausbruch gelangt und sich in Gestalt von Angriffen und Zerstörungen und Scheußlichkeiten entlädt. Die Italiener beteiligen sich daran – auch sie sind fürchterlich geworden.

Aber es bestehen tiefgreifende Unterschiede zwischen einer Sorte von Menschen, die sich für beauftragt hält, Furcht zu verbreiten, und den Gelegenheits–Fürchterlingen. Die einen verkennen die anderen, und diese verachten jene. Alle beide haben keinen anderen Gedanken, als sich gegenseitig hereinzulegen und zu verraten.

Für das Unglück, das wir mitansehen müssen, wenn wir es nicht selbst erleiden, gibt es keinen Trost. Wenigstens aber muß festgestellt werden, daß all dies Unglück zu vermeiden wäre, da in Deutschland selbst ein Teil der Bevölkerung, der eigentlich das größte Interesse verdient, den Sieg der spanischen Republik, den Widerstand Chinas und eine mannhafte Haltung der Tschechoslowakei ersehnt.

→ System der "Mächtigen"; Fürchterlichen
  wie in D6
  wie in Europa
    → vergleiche Italien

# Der herrschende Typ

Die Zeitalter sind erkennbar an Typen, die in ihnen vorherrschen. Diese strahlen aus, jeder über das seine, sie gebieten Zustimmung und vereinigen auf sich die begierigen Blicke der Mitlebenden. Sie erhöhen das allgemeine Selbstbewußtsein, bevor sie anfangen, es zu bedrücken. Wer die Wahl hätte, wäre gern wie sie. Der Anteil, den der Gewöhnliche sich von dem Außerordentlichen herausnimmt, heißt Verehrung. Nach zu viel Verehrung wendet man sich ermüdet fort von dem Typ, der vorgeherrscht hatte.

Dermaßen wirkten in der zweiten Hälfte des neunzehnten Jahrhunderts die großen Fachmänner, in der ersten die beiden weltweiten Genien. Napoleon und Goethe haben sogar nach ihrem Abscheiden Jahrzehnte hindurch weiter gethront, man verschwand vor ihrem Nachruhm und litt an ihren vergangenen Taten. Alle Begabungen, die auf Goethe unmittelbar folgten, haben um seinetwillen eine merkwürdige Überschattung erfahren. Man sehe die deutsche Romantik. Das französische Lebensgefühl ist herabgedrückt worden, seit ein Einziger über jede Gebühr gelebt und gehandelt hatte. Gleichzeitig kannten Frankreich le mal du siècle, Deutschland den Weltschmerz.

Die großen Fachmänner bezeichnen das wieder ansteigende Lebensgefühl der breiten Schichten Europas und haben es ihrerseits vermehrt. Sie waren kein auserwähltes Paar; alle Gebiete ihrer Tätigkeit zusammengefaßt, bildeten sie selbst eine Schicht, sogar eine Masse. Die zweite Hälfte des neunzehnten Jahrhunderts erscheint als eine geschichtliche Seltenheit: so viel Geist, Können, Ruhm leben sonst niemals gleichzeitig. Aus den humanstischen und technischen Wissenschaften, aus der Literatur, bildenden Kunst und Musik, aus der Staatsführung, Religion, Moral, aus der Wirtschaft und Politik einschließlich der revolutionären Kräfte haben damals Namen hervorgeleuchtet ohne Zahl – und blieben erhalten. Das ist das Auffällige: nicht die erhabenen Ausnahmen allein, schon die Darsteller einer gesteigerten Tüchtigkeit waren beispielhaft, haben erreicht, daß sie dauern. Wir kennen sie alle.

Das Zeitalter erging sich, für den heutigen Augenblick, unter einem Himmel menschlicher Sterne – was ihm selber nur natürlich vorkam. Es nahm die Unmenge der Leistungen und Talente als geschuldet, es fürchtete keine Abnahme, keinen Rückschlag, da es auf den beständigen menschlichen Fortschritt vertraute. Das ist nun eine Mystik, und beinahe die gewagteste. Ein Zeitalter, das sich für materialistisch hielt, hat dennoch als übersinnlichen Begriff den Ruhm besessen – noch einmal den starken Glauben an den grenzenlosen Menschen, wie vorher einzig die Renaissance. Die Verewigung als Quittung für die hohen Mühen und ein opferreiches Streben – das ewige Leben auf Erden oder drüben, womöglich beiderseits, ist die letzte Absicht des neunzehnten Jahrhunderts. Sein spätester Denker, Nietzsche, spricht das Schlußwort, und es heißt ewige Wiederkehr.

Auf dem Hintergrund eines unvergänglichen Ruhmes hat alles damals sich zugetragen, so wurde gedacht und gehandelt, so trat man auf. Die zeitgenössischen Bildnisse der Persönlichkeiten bezeugen es. Sie glänzen alle vom Ruhm, und wie erst die Gesellschaftsbilder! Der abseitige Schriftsteller in seinem normannischen oder russischen Dorf fühlte um sich den Atem einer Menschheit; er wußte sich berufen, wußte sich überall sichtbar, er war ein Gewissen, der Richter seiner Zeit, und verantwortete sie vor der Nachwelt. Die Erkenntnis als ein »leidenschaftlicher Zustand« begriffen, ist der innere Mittelpunkt dieses einzigen Zeitalters. Seine »voraussetzungslose Forschung« ist religiös bestimmt, seine Wissenschaft ist ein Glaube mitsamt dem Martyrium, sein heroisches Bekenntnis heißt: über alles die Kultur, und lieber mein Untergang als ihrer. Wie lang ist das her, wer verstände es noch, obwohl wir sie alle kennen.

Näher als mit ihrer Größe sind wir heute mit ihren Gebrechen vertraut, denn die, und nicht ihre stolze Gesittung, sollten sie uns vererben. Sie sind zugrunde gegangen an ihrem Haß der Nationalitäten, ihrem Imperialismus, ihren sozialen Schäden, ihrer Wirtschaft, die ohne Voraussicht war. Daran haben wir zu tragen, und schwerer von Folgen, zu dieser Zeit viel folgenschwerer als ihre Errungenschaften sind ihre Versäumnisse. Sie haben sich ganz genossen, ganz ausgegeben; ihr Nachlaß, der uns bleibt, ist bitter. Was hilft es heute, daß sogar die Herde alles Unheils damals noch kulturvoll aussahen; daß politische Machthaber die schöpferischen Geister pflegten, wenigstens schonten, und in den höchsten Fällen ihresgleichen waren. Die gemeinsamen Vorführungen der Mächte, besonders der Berliner Kongreß, sahen wahrhaftig nicht nach dem bevorstehenden Ende des »europäischen Konzertes« aus; sie waren der große Auftritt der öffentlichen Männer Europas.

Der Sinn für die menschliche Größe stritt damals noch gegen den Nationalitätenhaß. Der Sinn für die menschliche Auszeichnung hat um ganze Berufe, die Musik, die Bühne, einen seither unbekannten Glanz gelegt, ungerechnet die Gestirne ersten Ranges. Die Erscheinung Wagners beleuchtet festlich den Abend des Jahrhunderts und eines Europa, das ein letztes Mal vor seiner Katastrophe sich schöpferisch gefühlt hat. Der Meister selbst war immer bedacht gewesen, seinen Ruhm universal zu begründen. Die Welt erkannte ihn denn auch als ihr Erzeugnis, nicht als ein deutsches allein, und feierte sich in ihm.

1939 ergeht man sich nicht gerade unter einem menschlichen Sternenhimmel. Nichts leuchtet droben, oder man will nicht aufwärts blicken. Andere Zeiten verloren den Sinn für die göttliche Oberwelt, diese für die menschliche – wovon dann beide Welten wirklich leer werden. Das neunzehnte Jahrhundert hatte für Gottes Herrlichkeit die Größe der Sterblichen gesetzt; die ist jetzt auch dahin. Der Durchschnitt fühlt sich hoffnungslos gering; einen Fortschritt, wenn es ihn überhaupt gäbe, fürchtet er. Die außerordentlichen Begabungen, er hört von allem anderen lieber. Der Durchschnitt weiß nicht mehr und will sich nicht erinnern, daß die freie Persönlichkeit einst sein Stolz und Vorbild gewesen ist. Die freie Persönlichkeit war jedesmal erarbeitet worden, mit sehr viel Können auf einem Gebiet. Aber die Arbeit gilt seither weniger, auf die Freiheit wird verzichtet – an der einen Stelle beginnt der Verzicht, auf einer anderen ist er vollendet.

Die Berühmtheiten, oder was man noch so nennt, es sind meistens nur Gegenstände einer Publizität, die mit ihren Namen und Taten flüchtig umspringt: die berühmten Fachmänner verloren ihre höchste Funktion, ein Beispiel und Antrieb zu sein. Was bleibt aber zurück von einem Ruhm, der nicht ausstrahlt, und niemand hält ihn für unsterblich? Ein großer Ruhm ist entweder das Gewissen der Mitwelt, oder er bleibt belanglos. Könner sind vorhanden, obwohl nach Zahl und Gewicht fortwährend verringert. Die angesehensten hat das vorige Zeitalter hier gelassen. Die Erkenntnis ist nicht ausgestorben, einige halten sie, nach wie vor, für das Ziel des Lebens; zum wenigsten behaupten sie ihre eigene Redlichkeit des Denkens vor einer Zeitgenossenschaft, die überwiegend darauf bedacht ist, sich selbst zu belügen. Teilen diese sich nun mit und warnen die Völker vor ihrer neueren Selbstaufgabe, dieser Lässigkeit der Gewissen, dem bequemen Gehorsam – es scheint wohl, daß man solche Blätter einander aus den Händen reißt. Übrigens bleibt es bei der einmal eingeschlagenen Richtung.

Die Entmachtung des Wissens und Könnens ist offenbar kein unvermitteltes Ereignis; das Jahrhundert hatte sie von langer Hand eingeleitet, sonst wäre sie in ihrer nacktesten Form nicht gewagt worden. Niemand hätte vermocht, aus einem der wichtigsten Länder die Intelligenz zu verjagen, sie niederzuschlagen oder zu fesseln: die Intelligenz mußte ohnehin geschwächt sein, mußte dortselbst recht locker sitzen und aus den Tatsachen nachgerade herausfallen. Ihre Berufung war vordem die Erziehung eines herrschenden Typs auf Grund von Leistungen. Wenn jetzt ein Typ ohne alle Leistung zur Herrschaft drängte und beanspruchte die Herrschaft, gerade weil er nichts geleistet hatte – dann wäre es müßig zu fragen, wie eine ganze Schicht großer Fachmänner gegebenen Falles sich verhalten hätte. Mit ungebrochenem Selbstgefühl erfährt kein Volk ein 1933, und erst recht die Geisteskämpfer nicht.

Der Fall wird niemals wahr werden, daß eine lebendige Masse von Geist, Können, Ruhm sich unter Primitive beugt. Die geistige Schicht von 1890 hätte nicht auswandern müssen, und der Unwissenheit, die als Gewalt hereinbricht, kein einziges Opfer überlassen. Heinrich Hertz und Helmholtz, vor die Auseinandersetzung mit einer »deutschen Physik« gestellt, das ist natürlich ein Widersinn. Es wurde ihnen einfach nicht zugemutet. Aber mehr, sie und tausend stolze Fachmänner wären, was sie sein sollten, nie geworden, wenn die Zumutung auch nur denkbar gewesen wäre angesichts ihrer gesammelten Selbstgewißheit. Zugegeben, auf der Hintertreppe ihres Zeitalters hat alles schon gewartet, was nachher sich hinaufwagen durfte: deutsche Physik; Rassenschande und die übrigen Erdgebundenheiten. Indessen blieb es mißgeschätzt im Dunkeln, seine Stunde schlug erst, als der Geist ermüdete und die Verehrung ihn satt bekam.

1932 war das Jahr Goethes, vielmehr wurde es ausgegeben für sein Gedenkjahr. Nichts kam in Wirklichkeit so fremd und unerwünscht wie eine Vereinigung in derselben Gestalt von Kunst, Wort, Wissenschaft, von Weltgeist, Menschheit, unverlierbarer Freiheit, persönlicher Größe. Gegen Ende des Jubeljahres wählte die Preußische Akademie der Künste, ihre drei Abteilungen gemeinsam, den neuen Präsidenten. Der Vorsitzende der Sektion Dichtung erklärte ihren Anspruch auf die Nachfolge; er tat es unter Berufung auf den gefeierten Goethe, wobei er sich das Seine dachte. Die Versammlung antwortete demgemäß mit Schweigen, unverbindlich über den Tisch äußerte irgendeiner: genug gefeiert. Und das hatten alle im Sinn gehabt. Einer anderen Akademie wäre es vielleicht noch erlaubt gewesen, Racine oder Voltaire als lebendige Kräfte in ihrer Mitte zu haben. Goethe war abwesend, nicht allein aus dem Schoß der Künste; das ganze Deutschland hat ihn 1932 festlich begangen, ohne seiner als eines wirklichen Besitzes bewußt zu werden.

Die Zeit war erfüllt für einen Typ, der nunmehr mühelos die Macht ergriff, eingeübt hatte man ihn. Wer sagt denn, jedes Zeitalter müsse unter einem Sternenhimmel von Könnern leben. Es geht auch anders, zum Beispiel mit der Absetzung des fachmännischen Könnens als eines Wertes, der das Leben fordert. Man hat vielmehr entdeckt, daß gerade das Alles-und-gar-nichts-Können eine Kraft entwickelt, oder jedenfalls Wirkungen, die sich gewaschen haben. Das Leben in seiner Unparteilichkeit fragt wenig, welcher herrschende Typ eben jetzt den Betrieb versorgt. Kultur entwerten, Sittlichkeit aufheben, Welt neu verteilen, Denken abschaffen, Menschen als billige Zugabe für Blut und Boden behandeln: auch damit läßt sich verhältnismäßig dauern. Wie lange hatten die entgegengesetzten Neigungen vorgehalten? Die Erkenntnis, die Gerechtigkeit, die Freiheit, der Fortschritt, der hohe Wert der Person: geht das alles leichthin abzulegen, dann – laß fahren dahin.

Das ist ein Standpunkt, und manche, deren Gedanke von den Umständen abhängt, haben ihn. Es ist ein Standpunkt, aber auch ein Hinterhalt. Der Gedanke in seiner notgedrungenen Heimlichkeit rächt sich an der siegreichen Gewalt: er stimmt ihr zu: Wer weiß denn, wie oft man begründet, wo man verabscheut, und was alles die Verzweiflung philosophiert! Der herrschende Typ von grundsätzlich Unberufenen und konstitutionellen Arbeitsscheuen produziert dennoch eines: Macht. Da nun die schöpferischen Kräfte so oder so aus der Macht entfernt sind, nehme man diese, wie man muß. Sie ist unwissend, ist so verschlagen wie roh, einigermaßen blutig, ganz der Verantwortung bar, und sieht man richtig hin, ist sie Lug und Trug, und hat man dafür das Auge, ist sie grotesk. Die Minderwertigen an der Macht sind mehreres, und immer grotesk. Aus der Zeit des Glanzes holen wir zum Vergleich ein Bildnis hervor, eines von vielen, den Historiker Ranke im Ornat des Rektors der Universität Berlin: welch ein Fürst! Daneben die Herrscher von jetzt, weit übertriebene Karikaturen, wie jedem auffällt, dem Betrachter, Verehrer, zuletzt ihnen selbst.

Seien wir versichert, ihr Wesen hat Falten, wo sie Bescheid wissen, wär es nur zur guten Stunde. Können sie ernst bleiben, wenn sie den Leuten den Kopf abhacken, unter Berufung auf die Staatssicherheit? Als gäbe es einen Staat, der nicht sie selbst persönlich sind, und eine Sicherheit, für die gesorgt ist, außer ihrer eigenen. Und wenn sie die ehemaligen Staatsmuseen ausplündern, geschieht es wieder im Sinne der Gleichheit von Staat und Rasselbande. Und wenn sie Juden ermorden, was nur einen Abschnitt ausmacht von ihrer Raumpolitik des Leichenfeldes. Wenn sie den Besitz der »toten Hand« beäugen – o Gott! wer hat die Hand, die nichts entsendet als nur Tod. Wenn sie die »Volksgenossen« in den Mund nehmen, wenn ihr unverfrorener Mund sich weder der Demokratie noch der Freiheit entblödet. Wenn sie der Welt mit der Auflösung aller ihrer Reiche drohen, verlassen sich aber einzig auf die Erpressung und hoffen nur, immer werde einer noch feiger sein als sie.

Das alles sieht doch nach Spaß aus. Ein Hauptspaß, mitsamt den Enthauptungen. Dazu der Anspruch, tausend Jahre so fortzumachen, während sie zur guten Stunde durchaus belehrt sind, daß die Posse sie selbst nicht überdauert, und wie lange kann es mit ihnen dauern. Ihre letzte Notverordnung und Wildsau, ihre letzte Filmschauspielerin und Mordtat, ihr letzter öffentlicher Anfall von Raserei mit folgendem Weinkrampf – dann senkt sich der eiserne Vorhang, und es ist genug gespaßt. Einst hat der reinste Mensch, im Schmerz über den zeitlichen Verfall – Nietzsche hat sich selbst den »Possenreißer der neuen Ewigkeiten« genannt. Seht, wie auf der niedersten Stufe die höchste menschliche Offenbarung ihre verzerrte Wiederkehr findet. Die wollen ewig sein, knausern nicht mit den Jahrhunderten für ihre grausige Posse. Aber der Zustand Europas will, daß man sie für ernst und wirklich nimmt – trotz der unabweisbaren Mahnung, man habe es mit Lemuren zu tun, das alles geschehe unterhalb.

Die Macht bewährt wieder ihre Anziehung. Diesmal ist es eine erschwindelte und leere Macht, was für die regierende Stunde gar

nichts verschlägt. Eine Macht, die über diese Stunde nicht hinaus-
reicht, ist noch immer sowohl gegenwärtig als dynamisch. Die han-
delnden Spaßmacher ersetze man durch Herrlichkeiten, so viele in
menschlicher Gestalt jemals hier umgingen, der Zulauf könnte
nicht größer sein. Als Goethe über Deutschland thronte, pilgerte
man gleichfalls dorthin und verehrte. Manche geistreiche Person ist
jetzt voll Ablehnung gegen Deutschland mitsamt seinen vergangenen Größen und verneigt sich nur vor seinem heutigen Beispiel.
Wie denn anders. Die lebenden Geschlechter sind überall in mäßi-
ger Verfassung, die Leistungen mehr oder weniger erschöpft, und
beträchtliche Unruhe greift um sich wegen der Zukunft. Da sieht
man einen Typ ganz ohne Leistung, dennoch ein Mehrgehtnicht
von Macht aus den Umständen herausholen. Das tut wohl. Es ist
verhältnismäßig angenehm, festzustellen, daß Leistungen gar nicht
benötigt werden, um dennoch Macht zu haben und sie in schwin-
delnder Eile über einen Erdteil zu erstrecken.

Die Macht war oft ein Ergebnis des Könnens. Die Impotenz als
Macht kommt gleichfalls vor, falls das noch zu beweisen war. Die
Macht ist von den menschlichen Trieben der schlechthin fragwür-
digste. Ein langes Leben reicht gerade aus, um ihre wechselnden
Formen zu gestalten – von dem giftigen Eintagstyrannen, den bald
die Polizei abholt, bis zu dem lebensgroßen Untertan. Bleibt bestehen der fruchtbare Mann und gute Herrscher, der die Leute erzieht,
sich selbst zu beherrschen. Bleibt noch übrig der Gewalthaber, der
seine Gegner am liebsten entmannt, nicht sinnbildlich, sondern mit
dem wirklichen Messer. Dies, um Rache an der Natur zu nehmen,
da sie seine eigene Männlichkeit vernächlässigt hat.

Man sieht: die Macht führt hinab zum Geschlecht. Bei Wohlge-
bildeten ist sie mit Scham verbunden. Ein preußischer König, der
etwas konnte, deckte sich gerade darum mit dem »Zufall der Geburt«, der ihn zum Herrn seiner Länder gemacht habe. Ein anderer
König hat vor dreihundert Jahren den Grund der ersten Demokratie gelegt. Dieser war innerlich machtvoll genug, daß er vermeinte,
alle die Seinen sollten die Macht mit ihm teilen. Er adelte die Vertreter der Gemeinen und begab sich unter ihre Vormundschaft,
wenn auch mit dem Degen zur Seite. Von innerer Macht erfüllt, findet einer die äußere verdächtig.

Die äußere Macht ist dagegen für den Nichtkönner alles. Niemals wird er sie schamlos genug tätigen und schaustellen – unred-

lich, spektakelhaft und entmenscht. Der dynamische Impotente ist, mitsamt Verehrern und Nachbetern aller Grade, der herrschende Typ eines verarmten Zeitalters von herabgesetztem Lebensgefühl. Dem ist unheimlich – in jedem Fall wäre dem Zeitalter unheimlich, aber das Erträglichste scheint ihm noch die vollendete Unberufenheit seiner Machthaber. Der Anteil, den der Gewöhnliche sich von dem Außerordentlichen herausnimmt, heißt Verehrung. Nach zu viel Verehrung wendet man sich ermüdet fort von dem Typ, der vorgeherrscht hatte. Das wird auch hier nicht ausbleiben. Wenn Völker ihre Könner fallenlassen mochten und diese sich selbst, dann wäre erdenklich, daß sogar das herrschende Nichtkönnen wieder aus der Mode kommt, nach vollbrachtem Spaß und Grausen. Allerdings ist nötig, daß die einfache Fruchtbarkeit den Mut zu sich selbst bekommt, einen kollektiven Mut. Der vereinzelte Genius wird nicht erfordert: eher die wiedererwachte Kraft von Völkern, und wenn nicht anders, einer Klasse.

↳ Wie es zum Aufstieg kommt
↳ Zukunftsvisionen
für bessere Gesellschaft

# Der kommende Mann

Die Juden-Pogrome in Deutschland sind die widerlichste Erscheinung des Jahrhunderts. Das Nazi-Regime stößt mit dieser Ausgeburt eines sinnlosen Sadismus seine letzten Freunde ab, falls es echte Freunde jemals gehabt hätte. Es hatte auch bisher nur Freunde wie Mr. Chamberlain; das sind Leute, die sich für schrecklich berechnend halten; sind aber unwissender und törichter als der gewöhnliche Mensch sein darf, ganz zu schweigen vom Staatsmann.

Jetzt möge der wackere Mr. Chamberlain versuchen, seinem Kumpanen Hitler noch ein Land zu verkaufen, wie damals die Tschechoslowakei. Wollen wir wetten, daß er damit nach den Judenpogromen des Kumpanen nicht mehr glatt durchkommt? Die Juden-Pogrome zeigen den deutschen Führer und sein Regime im Zustand der Nacktheit. Da sieht endlich die Welt, wer sie sind. Solange sie Uniformen, Orden, Marschallstäbe und anderen Zubehör tragen, nimmt die Meinung der Welt noch an, sie wären etwas. Bei den Juden-Pogromen hat man sie an der Arbeit gesehen, und die haben sie in anonymer Nacktheit verrichtet.

Der Deutlichkeit wegen: Hitler, Göring, Goebbels, wie Gott sie in einem weniger begabten Augenblick geschaffen hat, befanden sich persönlich in der Rotte von sklavischen Wüterichen, die sie losgelassen hatten. Sie selbst mit dem Messer zwischen den Zähnen, haben jüdische Greise und Kinder aus den Betten gezerrt in jenen Nächten, um zu zeigen, was sie können und was nicht. Krieg führen können sie nicht. Pogrome machen können sie. Eine Nation regieren, so daß sie das Leben und halbwegs die Menschenwürde hat, das können sie nicht. Dafür können sie jüdische Läden verwüsten und ihre Messer unter germanischem Gebrüll in die Modellpuppen der Konfektionshäuser stoßen. Wollte Gott, nur in die Modellpuppen!

Dieses feige Gewürm hat einen Erfolg nach dem anderen davontragen können, weil es in der Welt–Öffentlichkeit eine Gestalt wie Mr. Chamberlain gibt. Wenn das englische Volk diesen rechtzeitig abdankt, wird es mit den Erfolgen Hitlers merkwürdig schnell aus sein. Leider werden die Erscheinungen des europäischen Konti-

33

nentes in England langsamer begriffen, als Amerika sie begreift. Die Gefahr ist nicht ausgeschlossen, daß der Führer der norwegischen Konservativen recht behält. Der Herr befürchtet, daß die Tschechoslowakei nur der Anfang ist. Alle kleinen Länder Europas würden nacheinander von Mr. Chamberlain an Hitler verkauft werden. Dies, so kann man fortfahren, wird weiter getrieben, bis endlich sogar Frankreich hypnotisiert ist und sich ergibt. Das wäre das Ende Europas.

Die politischen Vorstellungen eines Mr. Chamberlain verlangen keineswegs, daß er mit Frankreich zusammengeht. Im Gegenteil soll Hitler die totale Diktatur über diesen Kontinent bekommen. Dann wäre er befriedigt und das britische Weltreich wäre gesichert, meint Mr. Chamberlain, der leider kein Pitt ist. Pitt wollte nicht, daß der Kaiser Napoleon der Alleinherrscher über Europa würde; denn Pitt vermutete stark, daß seine Gelüste nur zunehmen würden und bald käme Indien daran. Inzwischen sind die Mittel des Weltverkehrs beispiellos angewachsen. Die Mittel des Weltverkehrs sind, praktisch genommen, die Mittel, die Welt zu überfallen. Ein Alleinherrscher, dem ein ganzer Erdteil schon zugespielt oder geschenkt worden ist, wird schwerlich auf die Mittel des Weltverkehrs verzichten. Er wird die anderen Teile des Planeten um so krampfhafter begehren, je weniger der erste Erdteil, nach dem er die Hand ausstreckte, ihn gekostet haben wird: vielleicht nicht einmal Krieg.

In der Natur der Diktatoren liegt es, daß sie niemals satt sind. Napoleon, der in vierzig Schlachten gesiegt hatte, wurde dennoch nicht satt – um wieviel weniger sein unberufener Nachahmer, der nie gesiegt, nie gekämpft hat. Gesetzt, er könnte seinen Größenwahn beherrschen, was er mitnichten kann, dann bliebe noch immer seine ruhelose Furcht vor der Bestrafung und der Wendung des Schicksals. Sogar Napoleon hat seine späteren Feldzüge aus Furcht unternommen. Und jetzt der armselige Nazi-Diktator, der überhaupt nur aus Furcht besteht! Er droht, erpreßt, und hat er wieder ein Land geschenkt bekommen, dann ist er deshalb nicht froher gelaunt, sondern schreit nur ohnmächtig: »Diesmal hätte ich aber ganz bestimmt losgeschlagen.«

Seine immer wiederholten Anfälle von Angst und seine Unfähigkeit, sich zu freuen, haben ihren Grund darin, daß er sehr wohl weiß und sogar geäußert hat: er sei nicht gekommen, um Gerech-

34

tigkeit zu bringen, sondern um zu vernichten. Tatsächlich trägt er von Deutschland, wo er die meisten unglücklich gemacht oder vernichtet hatte, das Unheil in jedes andere Land, so viele ihm zufallen. Überall halten ihren Einzug zuerst die schändlichen Folterknechte, die er seine Polizei nennt. Erst wenn seine gefürchteten Feinde in Lagern verwahrt sind oder sogenannte Selbstmorde begangen haben, erscheint er selbst, mit Panzerauto, Tanks, Leibwächtern. Aus Wien war er schon wieder fort, ehe daß er richtig wäre erkannt worden. Diese berühmte Geißel der Menschheit zeigt ihr Gesicht nicht. Wer dennoch hineingeblickt hat, treffe schnell seine letztwilligen Verfügungen.

Wie gequält, verstört und unfähig, sich aufzuraffen, ist eine Welt, wenn sie dergleichen zuläßt; wenn sie einen Typ, der im Grunde trostlos mißraten ist und dafür, nur dafür unaufhörlich Rache nimmt, wenn sie eine verfehlte Existenz in die Höhe, sogar an die Spitze gelangen läßt. Das wäre doch gar nicht nötig! Genug Menschen, übergenug Intelligenzen sind hier bei uns, drüben bei euch, die genau wissen, daß es aufhören sollte, daß es übrigens nicht dauern kann. Wie weit aber muß das Unglück sich ausbreiten, bis gehandelt wird? Handeln heißt Zusammenschluß aller Staaten, in denen es noch erlaubt und möglich ist, an das Wohlergehen der Menschen zu glauben, anstatt sich damit abzufinden, daß sie geopfert werden. Das Land, das vorangeht und handelt, damit das Unglück nicht weiter um sich greift, wird das erste Land der Erde sein. Bringt dieses Land einen Mann hervor, der die ganze Energie der guten Sache, eine menschenfreundliche Energie besitzt, dann ist er der kommende Mann.

Der kommende Mann, woher er auch käme und wie auch sein Weg sei, wird dem gesunden Sinn, der Redlichkeit – kurz gesagt, der Tugend das verlorene Feld zurückerobern müssen. Das ist keine Kleinigkeit, angesichts der unfaßbaren Fortschritte, die der Verderbtheit in kürzester Zeit gelungen sind. Erstens verwechseln sehr viele die Gewissenlosigkeit mit der Stärke. Man fragt nicht erst, ob ein bedenkenloses Individuum wirklich einstehen könnte für seine Niedertracht: mit der Waffe einstehen. Moralische Unternehmungen dagegen müssen von einer unbezweifelbaren materiellen Kraft unterstützt werden: sonst vermögen sie nichts gegen die bösartigen Instinkte, auf die ein Hitler seine Macht gegründet hat. List, Grausamkeit, Untreue und Verrat, besonders aber die

Menschenverachtung und der schamlose Mißbrauch der Menschen, das sind Eigenschaften, die ungefestigte Volksmengen – welche Menge ist heute gefestigt – krankhaft anziehen und sie zeitweilig überwältigen können.

Der Mann, der die Menschen besser, nicht noch unglücklicher machen will, wird nicht immer die Wahl seiner Mittel haben. Wie der Philosoph Nietzsche bemerkt hat, gelangt die Tugend wohl einmal zur Macht – aber nicht durch Tugend. Der Mann, der die Menschen besser machen will, trifft sie mitten in einem Anfall von hysterischer Bosheit und Schwäche; die vorhandene Menschheit ist voll von Schnorrern und Verschwörern, Henkern und Opfern, Ehrlosen, die große Gewalt haben, und anderen Ehrlosen, die auf den Knien liegen und schreien nach mehr Gewalt. Was ist dagegen zu tun? Sanftmut und die anderen evangelischen Tugenden würden den Zustand nicht beseitigen. 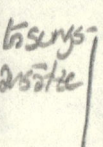Der kommende Mann bedarf der Strenge und eines harten Sinnes. Er muß befehlen können. Er darf schwerlich davor zurückschrecken, zu strafen, sogar zu töten. Ein kleines Beispiel der Art war der Türke Kemal. Dieser galt für »autoritär«, wie jetzt so viele. Zum Unterschied von ihnen leiteten ihn freundliche Absichten. Seine Diktatur hat den erklärten Zweck gehabt, jede spätere unmöglich zu machen. Er hat sein Land und 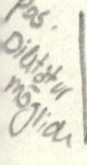Volk nicht erniedrigt, er hat sie erzogen, und hinterläßt sie an der Schwelle eines neuen Zeitalters, das sie ohne ihn nicht erreicht hätten. Er war redlich, was keine evangelische, aber eine wahrhaft moderne Tugend ist.

Rühmlicher wäre es für die Nationen und das Menschengeschlecht, ihre höheren Stufen ohne die Nachhilfe einzelner zu ersteigen. Sogar uneigennützige Diktaturen sind nur ein notgedrungener Übergang. Die ärgsten Zwischenfälle von Barbarei sollten durch die eigene Vernunft der Völker beendet werden. Die Frage ist, ob sie es noch können. Der Stolz auf die menschliche Vernunft hat die Demokratien hervorgebracht; aber in welcher Verfassung sind sie heute, geistig und sittlich gesprochen. Die amerikanische Demokratie beiseite; sie hat von ihrem gesunden Verstand das meiste offenbar noch bewahrt. Sie erfreut sich eines grundsätzlichen Optimismus, der einfach unschätzbar ist. An die menschliche Vernunft zu glauben und ihrer sicher zu sein, das erspart einem großen Volk die Schrecken des Irrationalen, die das arme Europa jetzt verwüsten. Was aber alles nichts daran ändern kann, daß die

36

Vereinigten Staaten derselben, höchst gefährdeten Welt angehören. Hitler verrät nur zu viel Interesse für die Vereinigten Staaten.

Man bewundert, daß in dem großen Prozeß gegen die Nazi-Spione klipp und klar die Tatsachen und die Namen ausgesprochen werden. Die europäischen Länder würden dasselbe niemals wagen. Sie sind samt und sonders mit Spionage-Netzen überzogen: von wem? Das wird in jeder Verhandlung sorgfältig verschwiegen. Es ist schon viel, wenn man das Land, von dem jede Verschwörung ausgeht, nicht »befreundet« nennt. Von dieser Furchtsamkeit, oder von dieser Mitschuld, ist Amerika frei. Bekannt ist dennoch, daß der Prätendent auf die Weltdiktatur keineswegs Amerika ausnimmt von seinen unverschämten Ansprüchen. Wie könnte er. Die Furcht nötigt ihn, die stärkste der Demokratien zu unterwühlen, bis sie ihm reif erscheint, angegriffen zu werden. Man ist darauf aufmerksam geworden, daß es von Süden her geschehen könnte, vermittels der südamerikanischen Diktatur-Staaten, die ein mit allen Hunden gehetzter Europäer in seinen Dienst nimmt. Ist das nicht Grund genug für die Vereinigten Staaten, ihm zuvorzukommen? Sie müssen sich sehr kräftig einmischen, im eigenen Interesse und im Interesse der allgemeinen Gesittung, das auch wieder das ihre ist.

Das erste Vorhaben derart, von dem man gehört hat, erregt in Europa neue Hoffnungen und wahre Begeisterung. Deutsche, die in Amerika beamtet sind, sollen abgesetzt werden, und an ihre Stelle kämen die Opfer der deutschen Juden-Pogrome. Wenn das wahr ist oder auch nur zur Hälfte stimmt, wäre es der Anfang eines Umschwunges, und der kommende Mann muß ihn im großen Stil vollenden. Sein Programm ist: die Gesittung wiederherstellen, und noch das strengste Mittel ist dafür gut. Das Grundgesetz der menschlichen Gesittung ist die Ehre. Man hat vor Augen, wohin ehrlose Machthaber es bringen können mit den Menschen. Das Vorbild des ehrlosen Machthabers ist der Sklavenhalter. Die Menschen und die Länder um ihre Freiheit betrügen, sie entrechten, kaufen und verkaufen, ihre Intelligenz herabsetzen, ihr sittliches Gefühl abstumpfen, ihnen die Hoffnung nehmen – das sind für den Sklavenhalter die Grundbedingungen seiner Macht. Allen das Bewußtsein der menschlichen Verbundenheit nehmen – das ist für ihn das Wichtigste. Daher die Religion abschaffen, denn ihr tiefstes Mysterium ist die Hoffnung. Daher einer frei erlogenen »Rasse« das elende Recht verleihen, alle Menschen, alle Völker zu hassen und zu verfolgen – während aber die auserwählte »Rasse« selbst in Knechtschaft versumpft und ewige Angst erleidet. So sieht die Diktatur des Sklavenhalters aus.

Der kommmende Mann wird notwendig mit Strenge, sogar mit Härte vorgehen: anders wäre einem ehrlosen Gegener nicht beizukommen. Der kommende Mann wird die Lüge verschmähen, sie ist keine Waffe der Starken. Er wird redlich sein, es ist das erste der modernen Tugenden. Er wird das Recht achten. Nur wer stark ist, achtet das Menschenrecht und das Völkerrecht: den gewalttätigen Feiglingen ist es im Wege. Über alles wird er die Kultur stellen. Kein Staat und keine Macht ist irgendeine Anstrengung wert oder verdient irgendein Opfer, wenn Macht und Staat den freien Gedanken nicht vertragen und das menschliche Gewissen gegen sie spricht. Die christliche Religion, das Selbstvertrauen, das der Glaube an einen Gott der Wahrheit und Gerechtigkeit den Menschen gewährt, ist überall wieder herzustellen in ihrer vollen Bedeutung. Das Selbstvertrauen der Menschen macht sie freudig. Die Demokratien sind ein Ergebnis der Vernunft und des Selbstvertrauens. Der kommende Mann ist nur dann er selbst, wenn er der Welt die verlorene Freude zurückbringt.

Erste Voraussetzung: er selbst tue freudig sein Werk. Der abscheuliche Typ, den man jetzt obenauf und im Vorrücken sieht, ist heillos verdüstert, er haßt alle und sich. Auf ihn paßt das Wort: Und hätte der Liebe nicht. Die klingende Schelle, das getünchte Grab, beides ist er. Haßt und verachtet seine eigene Vergangenheit, die schimpflich ist, und mißtraut seinem verwerflichen Erfolg. Der kommende Mann hat die Liebe. Er wird sie haben, weil er in seinem Herzen einfach ist, ein Sohn des Volkes, dabei von ausgezeichnetem Geblüt. Schon sein Vater und Großvater werden gute Arbeiter gewesen sein; und er selbst, bevor er sichtbar wird und zur Macht gelangt, ist aufgestiegen durch eigenes Verdienst als Mensch, Bürger und Soldat. Ein herablassender Gönner des Volkes ist er beileibe nicht, sondern durch Beruf und Bewährung der Gefährte sehr vieler, aus der Menge nur herausgehoben, weil er mehr kann und mehr liebt.

# Größe und Elend Europas

In Hollywood wurden mir im Atelier zwei Filme vorgeführt, ihre Helden waren Zola und Ehrlich. Ein französischer Schriftsteller, ein deutscher Mediziner, zwei große Schöpfer, die schwer gekämpft haben. In ihren Personen – und in ungezählten anderen – ist zusammengefaßt das neunzehnte Jahrhundert, das einst das herrlichste, je erlebte Zeitalter Europas heißen wird. Die Menschen jenes Jahrhunderts, deren manche noch da sind und sich erinnern, hatten über sich einen Sternenhimmel von Genien. Fruchtbarkeit, Gerechtigkeit, Wahrheit, waren das Gesetz jedes einzelnen; jede Wissenschaft, Kunst und das öffentliche Leben geboten ihren berufenen Vertretern die unbedingte Redlichkeit und eine Kraft, die nicht haltmacht vor der Selbstaufopferung.

Die Nationen Europas waren groß, vermöge des Beispiels ihrer großen Männer, und auf Grund derselben Werte. Wie fruchtbar muß Europa damals gewesen sein, daß es viele mächtige Reiche hervorbrachte, Weltreiche, nationale Staaten. Wie gerecht und wahr, daß dennoch ein langer Friede herrschte und daß im Grunde allen immer bewußt blieb: Wir sind von ein und derselben Gesittung, die hohe Bestimmung der Menschheit ist uns anvertraut. Das Jahrhundert, das sich zuweilen materialistisch nannte, war sehr gläubig. Es glaubte an die menschliche Vervollkommensfähigkeit und an die Überlegenheit des Geistes über die niederen Gewalten. Die seither versuchte Umwälzung drückt sich handgreiflich aus; aber auch Worte bezeugen sie. Der heutige Machthaber Hitler hat sich entrüstet, weil in der Dreyfus-Affäre eine Handvoll Intellektueller über einen Generalstab gesiegt habe. Das könnte allerdings jetzt nicht vorkommen, dank der Tätigkeit desselben Hitler und eines armseligen, aber aktiven Teiles seiner Zeitgenossen. Wo immer heute gelogen wird, hat der Lügner alle Aussicht, gut davonzukommen – wenigstens solange die Wahrheit keine übermächtige Luftwaffe benutzt. Die nackte Wahrheit schafft es ganz gewiß nicht. Um einen Fälscher und Betrüger zu überführen, muß ein ganzer Erdteil furchtbar leiden. Der einzige Trost ist, daß er durch den Sieg des Betrügers rettungslos verloren wäre. Es ist immer noch besser, Krieg gegen ihn zu führen.

Eine mutige Beobachterin, die meine Nichte ist, kehrte aus England zurück und erzählte. Der Premier, Mr. Winston Churchill, hatte den Osten Londons besucht. Der ärmste Stadtteil, militärisch ohne Bedeutung, war vom Feind nach Kräften verwüstet worden. Das hatte offenbar den Zweck, das englische Proletariat gegen seine »plutokratische« Regierung aufzubringen. Besonders sollte Mr. Churchill, dieser foudre de guerre, die Seele des britischen Widerstandes, den Leuten verhaßt werden. Nun, er kam zu ihnen im offenen Wagen, die Zigarre im Munde, aber ohne Bedeckung. Weithin kein Panzerauto mit starrenden Maschinengewehren, keine Motorräder. Ein Mann allein, aber die Menge der Heimgesuchten empfing ihn als Freund, von gleich zu gleich. Standen vor ihren rauchenden Trümmern und riefen: »Winnie! Gib es ihnen! Wir sind mit dir, Winnie.«

Das sollte ein Diktator wagen – seine zehntausend Mann Leibwache zu Hause lassen und in die körperliche Nähe seines Volkes gehen. Er weiß, wie es ihm bekommen würde, und hütet sich. Er macht ihnen Zauberkunststücke von Weltherrschaft vor. In Wirklichkeit bemerken sie nur Unheil, das schon heraufbeschworene und das unabsehbare, das nicht ausbleiben kann. Als ich noch in Marseille auf meine Rettung wartete, traf aus Deutschland ein französischer Offizier ein. Er war aus der Gefangenschaft entkommen, hatte viel feindliche Bevölkerung gesehen und stellte mit Sicherheit fest: »Das sind keine Sieger. Sie fühlen sich nicht so. Die Übergabe Frankreichs ist von den Herrschenden gefeiert worden. Das Volk hat seine Sorgen und fürchtet das Ende.«

Die Sache ist, daß die Deutschen, auch sie, den Feind im Land haben, was ihnen seit 1813 nicht mehr bekannt war. Bis jetzt haust ihre Luftwaffe in England ärger, als die Royal Air Force es bei ihnen kann. Indessen liegen die Fälle verschieden. Großbritannien hat sich zum Krieg entschlossen, das britische Volk nimmt alles Grauen mit Überzeugung auf sich: denn jeder hat erfaßt, daß ein ganz und gar ruchloser Gegner keinen Ausweg erlaubt, als nur, ihn zu vernichten. Den Deutschen ist sieben Jahre lang beigebracht worden, daß ihr Recht, in Europa die Ersten zu sein, nicht die mehr oder weniger ungewisse Folge eines europäischen Konfliktes, sondern seine Voraussetzung ist. Sie seien die vorbestimmte »Rasse«, die Vollstrecker des Schicksals und Erneuerer der Weltordnung.

Ein Angreifer dieser seltenen Art darf an sich nicht zweifeln. Das ist aber unvermeidlich, wenn Hamburg kaum weniger den Krieg verspürt als Birmingham; wenn aus den Werken der rheinischen Industrie und aus den Petroleum-Tanks überall im Lande nächtelang die Flammen himmelan schlagen. Wenn die Verkehrswege zerstört sind. Wenn die Einwohner Berlins ebensooft in Kellern und Untergrundbahnhöfen lagern müssen wie die Einwohner von London. Da sagt man nicht mehr, oder sagt nur achselzuckend: »Wir stehen in Frankreich, wir sind in Norwegen, in Rumänien, sobald wir wollen auch in Spanien, und in Italien ohnehin. Europa ist deutsch.« Eine sonderbare Verdeutschung Europas. Alles zerschlagen, und Deutschland mit. Das Geringste ist doch wohl, daß die weniger Fanatischen – sie werden immer die Mehrheit sein – die Frage erwägen: »Wozu?« Bis jetzt erwägt man leise.

Aus den vorsichtigen Widerständen werden im Lauf der Dinge die hellen Empörungen, wie bekannt. O! bis dahin ist weit. Ein neutraler Konsul kehrte unlängst aus Deutschland nach Hause zurück; sonst ein ruhiger Mann, diesmal zitterte er vor Wut. Dies Land müsse zerschmettert werden, dies Volk ausgerottet. Was ihn erbittert hatte, war offenbar die stumpfe Geduld der Deutschen. Sie ertragen die Gewalt bis ansonst unbekannte Grenzen und lassen sich zu ihrem Werkzeug machen, trotz ihrem besseren Wissen. Die deutschen Arbeiter, die deutschen Christen und auch die Intellektuellen haben unter der Hitlerschen Tyrannei eine stolze Zahl von Märtyrern gestellt. Freiheitshelden, Gewissenkämpfer. Es wird nie vergessen werden.

Schwer wird zu begreifen sein, daß dieselben Klassen von Menschen dennoch dem Unterdrücker die Arbeit geliefert haben; für Hungerlohn und Mißhandlung durch viele Jahre alle die Arbeit, damit er aufrüsten, Krieg machen und nicht nur Deutschland, sondern Europa unterdrücken konnte. Um dies zu verstehen, muß bedacht werden, daß die Deutschen eine staatsbürgerliche Erziehung zur Demokratie nie empfangen haben. Die Republik in ihren kurzen vierzehn Jahren hat sie versäumt. Das neunzehnte Jahrhundert hatte immerhin auch den Deutschen die ungerechte Gewalt verdächtig gemacht. Ihr neuer Beherrscher hat ihnen die Gewalt angepriesen wie das Brot des Lebens. Überzeugt oder nicht, sie fügten sich.

Wenn die Geschichte jemals etwas bestraft, ist es die Unwissenheit und die Weigerung zu lernen. Die Deutschen haben sich hergegeben für das unzeitgemäßeste Unternehmen, die Unterwerfung Europas, seiner hochentwickelten, individualisierten Nationen. Sie haben sich auf diesen Krieg eingelassen. Nun ist jeder europäische Krieg veraltet, ist unzulässig geworden; wie erst dieser. Man hat das vorhergewußt überall, daher das lange Säumen Englands; und wenn Frankreich ohne Not die Waffen streckte, finden sich allerdings Gründe die Menge. Der letzte bleibt doch die Vernunft Frankreichs, die französische Einsicht von der Vergeblichkeit dieses verspäteten, überzähligen Krieges, den es nicht büßen wollte. Die Fehler des deutschen Volkes nochmals mit dem Leben seiner kostbaren Menschen zu bezahlen, das hatte Frankreich, nach allen früheren Erfahrungen, auf das gründlichste satt. Gleichviel, jeder Franzose steht mit dem Herzen auf seiten Englands.

Gerade die Macht, die dem Kriege lange ausgewichen war, führt ihn nunmehr um so heldenhafter. In dem philosophischen Roman »L'ingénu« von Voltaire stehen über England diese Worte: »Die Engländer, die für tapfere Leute etwas übrig haben (qui aiment la bravoure), weil sie tapfer und ebenso anständig (honnêtes) wie wir sind.« Das ist es. Darauf kommt es an: Mut haben und ehrlich sein. Bei den Engländern, und bei ihnen allein, ist jedes feindliche Flugzeug, das sie abgeschossen haben, tatsächlich abgeschossen. Nur Großbritannien beabsichtigt eine neue europäische Ordnung, die wirkliche Ordnung wäre. Sie wollen ein europäisches commonwealth, das Freiwilligkeit voraussetzt und die Freiheit allen zur schönen Pflicht macht.

Die Geschichte nimmt Wege, die unser Verständnis übersteigen. Möglich, daß die gemeine Gewalt eine längere Weile triumphiert, als wir im Gedränge der Ereignisse ermessen können. Holland war von dem Eroberer in acht Tagen aufgegessen, Frankreich, das nichts mehr fabriziert, das weder Weißbrot noch Wein hat, ernährte, als ich fortging, kaum sich selbst, nur noch den Sieger. Aber wenn es ausgesogen sein wird bis auf das letzte? Wenn ganz Europa dahinsiecht unter einer sogenannten »neuen Ordnung«, deren wahrer Sinn der Hunger und die Knechtschaft sind? Wir haben die Wahl, anzunehmen, daß Europa an seinem Ende angelangt ist – oder daß es neu anfängt in Tapferkeit und Vernunft, nach dem erhabenen Beispiel Englands.

→ Kritik & Erklärung für Verhalten der Deutschen
↳ gibt nur 2. Extreme Möglichkeiten
für Europa

# Rückblick vom Jahre 1941 auf das Jahr 1939
*(Auszug)*

»Meine Geltung ist groß genug, daß ich
mir den Krieg erlauben kann.« (Hitler)

Tamerlan (ein Tyrann und Eroberer
von einstmals hoher Geltung): »Spielen
wir! Schätzen wir ab, was ich und du
in Geld wert sind!«
   Hamedi-Kermani (ein Dichter): »Ich
gebe für dich dreißig Groschen.«
   Tamerlan: »So viel kostet das Tuch,
womit ich mir den Mund wische.«
   Hamedi: »Das Tuch ist mitgerechnet.«

*Der Schreiber stellt sich vor*

Europa ist ein sehr großer Gegenstand, ein unvergleichlich größe-
rer als seine Kriege, mitsamt diesem letzten. Wer eigene Erfahrungen mit diesem gefährlichen, zuerst sich selbst gefährlichen Teil der
Erde niederlegt, muß ihn insgesamt geliebt haben. Ich sage nicht:
gekannt. Ein Wesen, das nie stillhält, täuscht in jeder seiner Hal-
tungen. Aber keine widerlegt die andere. Dieser Krieg scheint alles
Voraufgegangene abzustreiten, die ganze Gerechtigkeit, Erkenntnis, Güte, die während besonnener Zeiten erstrebt worden war.
Eher ist er ein Umweg dorthin und schien vermeidbar für die Vernunft – die dennoch weiterhandelt. Man muß ihr stilles Wirken
auffangen im Lärmen der Leidenschaften. Auch sie können
schwerlich alle irren. Was wirklich ist, wollte zuletzt immer das
Leben erhalten, und biologisch richtig bleibt sogar der Widersinn.
   Ich bin nach Herkunft, Erziehung, Schicksal ein kontinentaler
Europäer, nichts weiter. Für mich hatte keine, noch so friedliche
Landung in England sich gefügt. Nach Amerika wurde ich verschlagen, nachdem der letzte Fußbreit heimischen Bodens mir
entzogen war. Als Heimat empfand ich das europäische Festland,
je mehr von ihm ich in meine Bildung – und in meine Gebilde –

aufnahm. Vor 1914 reiste man ohne Paß von der atlantischen Küste bis an das Schwarze Meer, von Skandinavien nach Sizilien. Mein erster deutscher Verleger wohnte in Paris. Der italienische General, der 1894 einen jungen Menschen seiner Unterhaltung würdigte, war 1850 aus Ungarn gekommen. »Ausland« war eine Sache der Übereinkunft und eigentlich Redensart. Die Verdächtigkeit des Ausländers, seine fortwährende Belästigung und das schlechte Gewissen, das er davon bekommt, wenn er es nicht mit Grund schon hatte, das sind neuere Ergebnisse.

Überall war man etwas mehr als ein Zugelassener; sich in ein Volk zu mischen, stand jedem frei, und den jeweiligen Staat konnte er übersehen. Eine Vorbedingung des geeinten Europa war erfüllt, unsere private Unabhängigkeit von Landesgrenzen. Die Regierungen mochten ihre bösen Gelüste betreiben, man weiß, bis wohin. Der einzelne war befugt, und als Lebensschüler war er angehalten, »die Welt« zu sehen. Sie war klein, keine Strecke viel länger als ein Tag. Auch darum konnte ich lernen, über Italien, Deutschland, Frankreich zu schreiben: Romane, die, von ihrem Schauplatz unabhängig, das Maß gestalteter Einsicht erhielten, wie es mir überhaupt gewährt ist. Noch jung, schrieb ich »Die kleine Stadt«, als die Summe meiner Erfahrungen mit Italien. Viel später wurde italienisch bestätigt, »das kleine Italien« sei dies wohl wirklich gewesen – womit gesagt war: das echte, unbefangene, leider nunmehr dahingegebene.

Für Frankreich habe ich eine geistige Liebe gefühlt, umfassend genug, daß sie den Jüngling begleitete, den Mann ermutigte und standhält meinem Alter und was es sehen muß. Meine Bildung, so viel oder wenig ich erworben habe, gehört zu gleichen Teilen dem Lande meiner Geburt und dem anderen, beispielhaften. Dafür hielt ich es mit dem ganzen, beendeten Zeitalter, nur daß ich das Beispiel anders und größer begriff. Ich wußte es unvergänglich; der bloße Augenschein genügt auch jetzt nicht, mich zu überzeugen, daß die Redlichkeit französischen Denkens für nichts vertan sei, in den sieben Jahrzehnten der Republik und den Jahrhunderten vor ihr. Das französische Denken hat Europa erfüllt und in Atem erhalten, nicht weil es gefällig, galant und leicht gewesen wäre, viel eher vermöge seiner Strenge bei Montaigne, bei den Moralisten des Grand Siècle, seither bei Voltaire, zuletzt bei Zola.

Als Zola gestorben war, erschienen deutsche Zeitungen mit Trauerrand; denn er hatte in einer weithin sichtbaren Angelegenheit die Wahrheit durchgesetzt, nicht anders, als wäre die Wirklichkeit ein Roman. Die Ansicht, daß sie es sein soll, ist französisch. Der Ausgang, ob glücklich oder tragisch, befriedigt, weil der Wahrheit die Ehre gegeben und um sie gekämpft worden ist. Der kühnste, in verfrühten Plänen kühnste Herrscher, den die europäische Geschichte kennt, der König von Frankreich Henri Quatre, ist ermordet worden – mit zureichendem Grund; vor dreihundert Jahren hat er den Unterbau der ersten Demokratie gelegt; hat erkannt, daß er nach Frankreich das ganze Festland befreien müsse – und um Tage vor seinem Aufbruch in den Krieg, der Europa einigen sollte, fiel er. Seinem Land hat er die Gewissensfreiheit erkämpft und sie aufrechterhalten, bis er selbst fiel. Dann erst konnte in Deutschland der Religionskrieg ausbrechen und konnte wüten dreißig Jahre lang, bis zur Menschenfresserei. In Frankreich muß jedesmal das Erhaltenswerte untergehen, der große König oder eine Republik, seine entfernte Nachfolge: alsbald bekommen die Deutschen den Spielraum auszuschweifen, wie es ihre Art ist, und ihrer Berufung stattzugeben: das ist, der Vernichtung. Übrigens gibt es keine Vernichtung.

Erst spät habe ich gewagt, meine ausgedehnte Erfahrung mit Frankreich zusammenzufassen in meinen beiden Romanen über Henri Quatre. Da war sein Land mein Aufenthalt geworden. Ein neuer deutscher Anfall von Zerstörungswut hatte eingesetzt und nahm seinen Lauf. Er dauert, ist in vollem Schwung und erhärtet zu sehr, was das Miterleben deutschen Wesens mir längst zuvor eingegeben hatte. Mein Roman vom »Untertan«, 1914 beendet, übertreibt nur scheinbar den Deutschen von damals; wirklich bereitete eine komische Figur sich vor, der Tragöde dieser Gegenwart zu sein. Seine Revolution, die einzig und allein Krieg, sonst gar nichts heißt, beginnt nicht mit Hitler, sondern neunzehn Jahre vor dieser Person – auch sie von bedeutender Lächerlichkeit, nur die Greuel, die sie verantwortet, fordern Ernst.

Ich war zur Feierlichkeit nicht angehalten, als ich, jenseits beider Kriege, den vaterländischen »Untertan« in einen Roman umsetzte. Der »Untertan« war 1914, sechs Wochen vor dem Ausbruch seiner Folgen, fertig abgehandelt und dargestellt. Erscheinen konnte er Ende 1918; da hatte das Original sich hinlänglich ausgelebt, daß der Augenblick eintrat für eine kleinlaute Betrachtung seines verklärten Bildnisses. Kleinlaut, wenn dieses Wort den Zustand bezeichnet hätte. Betrachtung – aber mein Buch wurde nicht betrachtet, es wurde verschlungen und änderte nichts. Ein Buch, das der Nation ihren herrschenden Typ vorhält, wird nicht häufig diesen jähen, übrigens unergiebigen Erfolg haben. Unergiebig für mich, weil der Staat falsches Geld druckte. Er hatte Krieg damit angefangen. 1916 sagte ich es einem künftigen Reichsfinanzminister auf den Kopf zu. Er versicherte mich seines festen Vertrauens in die Ehrlichkeit seiner gegenwärtigen Amtsvorgänger und der deutschen Geldwirtschaft.

So unbelehrt waren sie und blieben es, als sie selbst nachher Billionen in Umlauf brachten, und kein einziges echtes Geldstück tauschte man dafür ein. Nun war nicht zu erwarten, daß eine Inflation dieses Umfanges auf die Zahlungsmittel beschränkt bliebe. O nein; sondern erst recht die Gefühle schwollen an und entwerteten sich, die Reue, Angst, der Haß und Selbsthaß. Man warf sich weg und schweifte aus; die Vorgänge der Liebe wurden zur öffentlichen Schau; jede Straßenecke, wo keine Schwindelbank aufragte, verwandelte sich in einen Ausschank. Betrunkene schwankten, Verhungernde taumelten, den teuersten Wagen lenkten Schuljungen, die mit dem Zerfall der Währung ihre kurzfristigen Geschäfte machten, aber die Leichen ungeschickter Intellektueller wurden gegen Morgen im Park aufgesammelt.

Die deutsche Niederlage 1918 ist schlecht getragen worden; so klein im Unglück hatte niemand sich gezeigt, am wenigsten die Deutschen anderer Zeiten. Wer dermaßen der Verwilderung zuneigt, wird nicht allein als Geschlagener verwildern, wie damals. Der deutsche Sieger von heute wälzt sich gleichfalls durch Katastrophen; sie gehen über seine Vernunft und eigentlich über sein Können. Er bleibt derselbe »Untertan« ohne Maß und Selbstbeaufsichtigung, daher genauso ungesichert, wie ich ihn vor dem ersten seiner beiden Kriege sah. Der zweite war mit einbegriffen, auch er kann nicht gut enden. Dort das gescheiterte Geschöpf des Kaiserreiches und sein Minderwertigkeitskomplex, hier die hochtrabende Mannschaft des Hitlerschen Deutsch-Europa – nichts trennt sie als der leere Augenschein. Diese Deutschen mehrerer Jahrzehnte haben an sich selbst nicht gelernt; wie hätte ein Buch sie im Innersten aufklären können.

Als es neu war, trug der und jener mir ein Duell an – ein Nachtrag zum Buch, ganz richtig empfunden. Säle voll überzeugter Selbstverächter begleiteten den Vortrag ihrer eigenen Saga mit herzlichem Beifall – auch nicht übel. Nach dem Ende dieses Krieges werde ich in

Person nicht wieder vor sie hintreten. Nur der Roman könnte nochmals aufleben, mit seiner geheimen Bitterkeit, seiner offenen Komik.
Wie man ihn dann verstehen würde? Die Bücher sind wandelbar;
Spätere lesen ein anderes, als der Urheber zu schreiben meinte und
seiner Mitwelt übergab, obwohl es dieselben Seiten sind. Ein Freund
meines Geistes, Anatole France, hat es bemerkt. Ich selbst hätte heute nichts zu lachen, wenn nochmals der herrschende deutsche Typ
mein Gegenstand wäre.

Das liegt nicht zuerst an ihm; er tut, was er kann, um komisch zu
bleiben in allem Glanz und Herrlichkeit. Sein Hitler, und wenn
ihm das Blut – oder die Latrine – bis an den Mund stände, wird
immer noch reden wie der jüdisch-böhmische Komiker, der ihn
früher so vorzüglich imitierte und dem er es weiter gleichtut. Das
Unbehagen am Gelächter betrifft eher mich selbst, ich bin nicht so
einfach zu belustigen wie am Beginn meiner vierziger Jahre; inzwischen lernte ich »daran glauben«. Die Kunst des Schreibens war
während der ersten Hälfte meines Daseins ein Spiel, ein ernstes,
überaus verantwortliches, aber es rechtfertigte sich ohne Beihilfe
der Welt. Der Roman des neunzehnten Jahrhunderts, einen Spie-
gel an einer Landstraße hatte Stendhal ihn genannt; auch diesen
beschäftigte nicht so sehr, was alles vorüberzog, als die sinnreich
ausgewählte, gut belichtete Wiedergabe.

Der Kunst des Wortes um ihrer selbst willen wurde das Ende gesetzt im August 1914. Der Roman, den ich einen Augenblick vorher weglegte, hatte Personen und die Hauptperson, denen allen
ich schreckliche Folgen voraussagte. Sie sind eingetroffen, sie
treffen ein. Dennoch hat das Buch mich, solange es nur meine
tägliche Arbeit war, mehr unterhalten als beunruhigt. Man hatte
hinter sich den langen Frieden. Verwöhnt durch eine milde Form
des Lebens, neigte man zum Unglauben. Ich stellte dar, was war,
wußte auch schon, was nachkam; aber eine innere Unbesorgtheit
hielt vor. Wir haben sie abgelegt.


## »Vernichtung«

Wir haben »daran glauben müssen« – die deutsche Redensart will
sagen: an den Tod; und wirklich, die beiden Kriege haben einen
ansehnlichen Bruchteil der Europäer den Ernst des Lebens in Ge-

stalt des Sterbens gelehrt. In dem vorigen starben sie öfter militärisch, in diesem öfter zivil. Das eine Verfahren läßt noch zu, daß man sich wehrt und allenfalls durchbringt, das andere nicht mehr. Dem Heldentum 1914 bis 18 folgten Jahre der Pestilenz, des Hungers, der umgreifenden Verbrechen, des eingeschränkten Bewußtseins ihrer Menschenwürde, das auch die Besiegten im Lebenskampf sich vormals bewahrt hatten. Gerade diese Erscheinungen sind im Krieg von gestern bis übermorgen die vordersten. Sie haben weder sein Ende noch seinen letzten Zustand abgewartet; auch begleiten sie ihn nicht, von ihm angezogen wie ein Rudel fleischfressender Tiere.

Das Verhungern, die Selbstmorde, ein unerhörtes Übermaß verwüsteter Menschen und Völker sind diesmal der Krieg selbst, der ganze Krieg. Nicht die Schlachten zählen, sondern die Entwürdigung der Völker und Menschen. Kampfhandlungen, angebliche Siege, beiläufige Niederlagen – machen vergeblich Wesens von sich. Keineswegs ihrer wird einst gedacht werden; sondern der versuchten Vernichtung einer Menschenwelt und dessen, daß wir alle versucht gewesen seien, ihren Untergang in Betracht zu ziehen. Die Vergangenheit Euopas enthält Beispiele, wenn auch geringere, derselben lebenswidrigen Ausschweifung. Ein Geschlecht glaubt sich angelangt an dem Punkt, wo die begreiflichen Katastrophen aufhören. Was folgt, ist das Verhängnis einer unbeteiligten Ewigkeit. Eine beendete Welt mehr oder weniger.

Was tut man, angesichts des Alleräußersten? Man ergibt sich ihm. Man wirft sich ihm zum Fraß vor. Man hilft noch dem Greuel. Man liebt ihn. Die Liebe zu Hitler, einem vagierenden Propagandisten der Vernichtung, ist menschlich, allzumenschlich. Die Liebe wird höchstens ausgeglichen von dem Haß, der ihn gleichfalls betrifft; aber davon entlasten ihn die Deutschen. Die Vernichtungen, für die sie sich zur Verfügung gestellt haben, machen nur sie verhaßt: wie sehr, wissen einige, denen es schaudert. Der Henker persönlich genießt eine Bereitwilligkeit seiner Opfer – in der Sexual-Pathologie erscheint dergleichen. Ein Anbeter hat vergessen, daß ausschließlich seine eigenen Verirrungen dem Angebeteten die Macht und Gewalt über ihn leihen. Sobald der eine es satt bekäme, stände der andere als ein Untalent, Dummkopf und armer Schächer da.

Was alles er in Wahrheit ist. Er war es vor Beginn seiner Erfolge;

nach ihrem Ablauf wird er es auch nicht in höherem Maße sein als jetzt. Ihn auf sein Maß und Gewicht zurückzuführen, ist eine der Absichten meiner kriegerischen Aufzeichnungen – wenn Absicht genannt werden kann, was nebenbei, von selbst hervortritt. Die Welt, die einen Hitler wollte, ermüdet den Betrachter nicht so bald wie ihre Ausgeburt, ein Langweiler, wenn man ihn kennt. Um die Liebe zum Tode handelt es sich, nicht gerade um den entbehrlichen Einkassierer, der durch sie zu etwas kommt und sein Glück macht. Die Liebe zum Tode ist früher den Deutschen als eine Besonderheit nachgesagt worden. Aber erstens meinten sie nicht den Tod, wenn sie sich ihm leichtsinnig aussetzten. Das leichtsinnige Abenteuer begehrten sie. Die Vernichtung, was sie so nannten, aber es gibt keine Vernichtung – war immer anderen bestimmt.

Sodann wird jede deutsche Besonderheit hinfällig, sieht man das Schauspiel, das andere nunmehr von ihrer Todesliebe geben. Dabei haben sie nicht einmal das Vergnügen, im Fallschirm aus den Lüften Kretas niederzuschweben, bevor eine eingeborene Frau sie mit dem Küchenmesser schlachtet. Auch französische Flieger sollen demnächst wieder aufsteigen, aber für Hitler, der sich schmeichelt, er habe ihre Nation gestrichen aus der Reihe der großen. Vernichtung, wenn es sie gäbe. Goethe stellte allerdings fest, daß nur die Verbrennung eines Bauernhofes wirklich geschehe, ein Reich gehe in bloßen Redensarten unter. Das französische Volk ist gewiß, nach seinem unverlierbaren Verdienst zu dauern und groß zu sein, ob ein fremder Prahlhans es erniedrigen möchte oder seine eigene Öffentlichkeit, im Dienst des Eroberers, es wirklich herabsetzt.

Europa ist zu alt, und von alters her zu beständig, als daß Reiche hier verschwinden, Nationen in nichts aufgehen könnten. Wer Vernichtungen für mehr halten wollte als Zwischenfälle, muß die vollendete Vernichtung ins Auge fassen: die Menschenwelt und das organische Leben, blitzartig und für immer unterdrückt. Man sagt, daß die Entzündbarkeit der Luft einen bisher unerreichbaren Hitzegrad zur Bedingung habe. Angenommen, er wäre zu erreichen, da erwartet die letzte Aufgabe das deutsche Genie. Nachher tritt Ruhe ein. Ich will sagen, daß der totale Krieg dieser Deutschen eine elende Stümperei bleibt, man wird sie belachen, dereinst nach überstandenem Leid. Diese Deutschen bewähren ein Aufgebot von nachgeordneten Talenten ohne geistigen Oberbefehl; alle tüchtig, kein einziges schöpferisch: Eroberungen, die keine sind, Organisation ins Leere, Abtransport ganzer Völker, Verfolgungen.

Die Verfolgungen und die Kette der zweckdienlichen Verrätereien waren von wissenschaftlichen Anstalten vorher berechnet, psychologisch experimentell. In zahllosen Abhandlungen erörtert, vorsichtig angefangen, gesteigert je nach dem Grad der erlangten Gewißheit, vollzog sich die Infizierung der Regierungen und Völker, die List des Einschleichens, die Gewinnung von Siegen ohne echten Kampf. Würdig der betriebsamen Mittelmäßigkeit sind die mechanisierten Schlachten. Der ganze Vorteil, nur das Verdienst nicht, ist dem Angreifer sicher, durch die bloße Übermacht technischer Mittel, deren keines er selbst erfunden hat; ihre massenhafte Ausbeutung ist sein Anteil. Der Aufbau einer Welt? Die neue Ordnung? Der Unterwerfer kennt von allem nur das leere Wort, die Unterworfenen – den Hunger, die Verpestung, die Sklavenarbeit und seelisch-leibliche Zerrüttung. Kein Gedanke, wohin dies führen könnte; man glaube: in Deutschland, das alles verantwortet, noch immer kein Gedanke, es wäre denn, an der Entzündung der Luft wird gearbeitet.

## Atonaler Name

Hitler, dessen wenig klangvoller Name mehr bezeichnen muß als er kann, hat sein irdisches Wirken wieder einmal nach bestem Wissen in Worte gefaßt. Sonntag, 3. Mai 1941. Diesen Sonderleistungen des Vielseitigen dient sein Parlament, wo wirklich geredet wird, wenn auch von ihm allein. Bedingung ist die Krolloper. Stecken feindliche Bomben sie in Brand, wird sie ausgebessert, so viel Zeit bleibt zwischen den Reden. Ein altes Juxtheater zweiter Klasse ist die Bedingung des Künstlers; dann belehrt er seine Komparserie – und die Welt, die eifrig mithört – über seine »historische« Tätigkeit seit dem vorigen Wiedersehen. Über seinen griechischen Sieg klärt er sie auf, fünftausend Mann Verlust und keiner mehr. Er ordnet das Jahr 1941 »historisch« ein, als das größte Jahr »unserer« Revolution.

Bekanntlich ist jedes ihrer Jahre historisch und jedes das größte. 1940 ergab sich seiner »unbesiegbaren Wehrmacht«, wie man nachgerade geläufig sagt und hinschreibt, nicht ein kleines Land, son-

51

dern Frankreich. Da soll er getanzt haben, richtig aufgehüpft und Füße geworfen – der vorweggenommene Tanz mit der Weltkugel, wie nachher der »große Diktator« Chaplin ihn zeigte. Gedreht hatte Chaplin die unheimliche Szene früher als sein Konkurrent, schwebt auch unvergleichlich besser vom Boden auf. Nur das Platzen der Weltblase wird beiden gelingen. Alles in allem macht der eine, was sein Eigen ist, während der andere, in dem alten Juxtheater, zum besten gibt, daß er die Völker vom Kapitalismus befreien werde. Nur ihm sollen sie sich unterwerfen, dann sind sie frei. Auch das wird überall vermerkt und nirgends eingewendet, daß ein Sechstel der Erde den Kapitalismus ohne Befragung Hitlers abgelegt hat, wodurch die Gegenrevolution Hitlers erst möglich wurde; daß die anderen fünf Sechstel auf einen new deal sichtlich vorbereitet sind; daß sie es trotz Hitler bleiben und es immer gewesen wären, ob ein Hitler dazwischenkam oder nicht.

Der Monopolredner seines Parlaments läßt sich gern vernehmen nach Triumphen, die den Sinn berauschen. Übrigens ist er ohnedies gewöhnt, seine angeborene Verwirrung der Begriffe als Waffe zu benutzen. Er hat längst bemerkt, daß erschlichene Siege unterstützt werden durch verkehrte Worte. Daher spricht er von Moral bei Kroll, einst Treffpunkt des Berliner Nachtlebens, das ehrlich war und nichts durcheinanderbrachte. Der Redner erklärte sich jeder Koalition überlegen, nicht nur militärisch, auch moralisch. Er meinte: durch Unmoral. Das Fehlen aller sittlichen Hemmungen meinte er. Das entschlossene Unmenschentum, wer es besitzt, sei jedem Versuch eines Widerstandes zum voraus überlegen, das redet der Redner sich ein. Andere glauben es – bis auf weiteres, und Vorbehalte macht zuerst er selbst. Was gilt es, er hat schlechte Nächte. Beim Aufstehen warnt er irgendein ausersehenes Opfer vor seiner Furchtbarkeit, als ob nicht alle gewarnt wären, auch er. Grade darum will er nicht nur furchtbar, auch moralisch sein. Aber sein Schlaf läßt zu wünschen. Die Stimme des Volkes, la sagesse des Nations, antwortet ihm, daß ein gutes Gewissen das beste Ruhekissen ist.

Er will alles auf einmal sein, moralisch und schrecklich, bekannte Kriegsfurie, verkannter Friedensheld. Den Krieg verschuldet, wer ihn um seinen Raub zu kämpfen nötigt. Er ist der Freiheitsbringer, der die Welt versklavt bis in ihren hintersten Winkel. Er einigt Europa, vermittels Zerstörung der europäischen Weltmacht England. Gesetzt, ihm gelänge auch nur die Voraussetzung, die Folge wäre nicht Einigung, sondern der angesammelte Haß für hundert Jahre Krieg. Der Sinn steht ihm nach Vernichtung der Demokratien, ausgenommen die einzig wahre, die sein Geheimnis ist. Sein heißer Wunsch stürzt jede Plutokratie, immer abgesehen von seiner eigenen, der Geldmacht seiner Person und Partei, die über den Besitz eines Erdteils herrschen, und die Völker nicht über den Bissen Brot. Das Brot und das Wort, die zusammen den Menschen machen, sind ein Vorrecht, und noch immer warnt er vor seinem Unmenschentum. Er will alles auf einmal sein, der Sieger, der keine Menschen verloren, kann nur heißen: nicht gekämpft hat; und der Kämpfer, der mit Anstrengung die Thermopylen noch einmal nimmt. Leonidas hatte ihn erwartet.

Nach zweitausenddreihundert Jahren war auch dieser historische Tag wieder fällig. Wie recht und billig, wurde die Bezwingung des alten Engpasses von ihrem Urlauber gefeiert in dem veralteten Berliner Amüsierlokal. Nicht der Perserkönig hatte einst dieses Siegesgeheul ausgestoßen. Aber der Sieger des historischen Jahres 1941 will keineswegs nur die Perser vorstellen, sondern Leonidas nimmt er auch gleich mit. Das gefällt ihm nicht, daß Griechen und gemeinsam mit ihnen Soldaten des britischen Imperiums auf dem Platz des vorbildlichen Freiheitskämpfers gestanden haben sollen. Wer kämpft für die Freiheit? Er kämpft für die Freiheit, sonst keiner. Punkt. Er, als Leonidas, hat von seinen dreihundertvierzig Spartanern höchstens zwei verloren, und das waren, gemäß bekannten Erfahrungen, zwei Unzuverlässige, die er von hinten erschießen ließ. Wieviel Prozent das macht, rechnen Spezialisten aus. Als Perserkönig hat er gesiegt, als Leonidas auch, und beide in derselben Gestalt zogen am Olymp wie über der Akropolis die Hakenkreuzfahne auf.

Hier wird nicht willkürlich ausgelegt; es handelt sich um verbürgte Tatsachen. Ein deutscher Sprecher hatte von London nach Deutschland hinein gefragt: »Deutsche, die Griechen sind noch immer die Griechen; und was seid ihr?« Darauf hat der Herr Europas, so heißt er jetzt, radiophonisch geantwortet – wie denn anders als oben. Wer sich als Auserwählten der Geschichte auffaßt, ahnt aber von ihrem Geiste nichts, der wird Tausendfüßler und Chamäleon, er weiß nicht mehr, wie die Farbe wechseln, nicht mehr, wohin mit sich. Historisch! Während man eine nachchristliche Ära eröffnet und den Humanismus einschließlich der letzten Menschlichkeit hinter sich läßt. Neue Ordnung! Und man greift auf die älteste, erschöpfte Unordnung zurück, den Krieg, verstanden als Geißel, sonst nichts. Der Krieg in jeder Gestalt war für Europa unmöglich geworden. Die zuletzt abgelegte Probe hatte nicht über Sieger und Verlierer, sie hatte über den Krieg selbst entschieden.

Niemand in dem Europa von 1918 bis 1930 hat den Krieg verteidigt, geschweige ernstlich beschlossen und gerüstet. »Der ewige Friede ist ein Traum und kein schöner«, dies Wort des alten Moltke, eines preußischen Generals von ehedem, klang nachgerade selbst verträumt, die Wirklichkeit antwortete: Nur der gesicherte Friede. Ohne ihn kein Europa! Allen war es klar bewußt, daher die Nichtanwendung des Vertrages von Versailles. Der Besiegte setzte sich über das Diktat hinweg, weil auch die Verfasser es, kaum hingeschrieben, schon aufgaben, zuerst verschämt, dann offen. Allein hätte er gar nichts vermocht, um seine gegenstandslose Rache zu nehmen; die Überzeugung, als habe sie einen Gegenstand, mußten Schnorrer und Verschwörer den Deutschen aufdrängen. Auch dann noch konnte der verschworene Haufen nicht die erste Kanone anfertigen, nicht den ersten Schritt in das Rheinland tun. Sein Anführer benötigte bis an den Rand des Krieges die allgemeine Duldung, das Abwarten Europas, ob er nicht dennoch zur Einsicht käme. Die Erkenntnis bestand nur bei ihm nicht. Deutschland begriff wie jeder andere, daß mit dem vorigen Krieg die Grenze erreicht war. Darüber hinaus begann die Selbstaufhebung einer Zivilisation.

Merkwürdig genug, ist Deutschland nicht zurückgeschreckt. Die Unterdrückung des besseren Wissens hat langer Jahre bedurft, Zwang war anzuwenden, unbelehrte Geschlechter mußten heranwachsen, und dann traten Erfolge ein. Wer widersteht den eigenen Erfolgen, wenn ein Weltpublikum sie für voll nimmt. Da ist nur Anerkennung, nur Ergebenheit. Leider sind diese Deutschen Feinde, aber wie groß! Hitler – der säkuläre Genius; seine Wehrmacht – unwiderstehlich; das Herrenvolk, an seiner Spitze der Meister Europas, demnächst des Erdballs. Ruhm und Größe sind hier der Lohn der Schamlosigkeit. In der europäischen Gemeinschaft, die historisch, biologisch und in jedem Verstand über den Krieg hinaus war, brachte ein Mitglied die Schamlosigkeit auf, ihn gerade darum zu machen. Hätte Europa nicht den Krieg für einen Traum und keinen vernünftigen gehalten, er würde sich gehütet haben.

Das Abenteuer Deutschlands mit Hitler konnte stattfinden, weil ein Teil der Deutschen nachdrücklich überzeugt wurde, sie seien unter allen Völkern das einzige starke; feig und verrottet alle anderen; reif für jede Enteignung; wehrlos gegen jeden Überfall. Die Rechnung eines Briganten ist in ihrem ersten Teil meistens richtig; und wird er nachher gefangen und gefesselt, dann erinnert sich seiner wohl das Gesetz, aber auch die Philanthropie. Schließlich war er ein armer Zurückgebliebener; nach seinen straffälligen Abweichungen kann er immer noch brauchbar für das Zusammenleben werden. Kein Zweifel, daß gerade die Milde der Zivilisation von dem Deutschland Hitlers schon mitberechnet wird. Wirtschaftliche Milde; denn was würde aus der Weltwirtschaft, wollte man ihr einen beträchtlichen Abnehmer und Produzenten auch nur zeitweilig entziehen. Genug, das Deutschland Hitlers handelt feig.

Im Bewußtsein der deutschen Unentbehrlichkeit begeht es seine Verbrechen gegen die Zivilisation. Im Schatten der Gesittung betreibt es ihre Vernichtung, die nebenbei auch seine wäre. Sie wird ihm mißlingen, wie Deutschland im Grunde wohl weiß; es wagt nichts. Einmal gescheitert, wird sein Unternehmen vertuscht, die Schuld wird weise verteilt werden; es wagt nichts. Dieser Krieg deckt Feigheiten auf, die vorderste aber ist die deutsche. Sie ist der gewissenlose Rückfall in Zustände, als Kriege der private Ehrgeiz von Fürsten und ihr Erwerbszweig sein durften. »Der Krieg, die preußische Industrie« – vielleicht hat Mirabeau geirrt, oder ich irre, wenn ich ihm das Wort beilege. Dieser unerlaubte Krieg kommt nicht aus Preußen, sowenig sein Veranstalter jemals dem Reiche Bismarcks angehört hat. Vielmehr löst er es auf, hat es schon in das wolkig Grenzenlose versetzt. Das »Reich« ist keine gesättigte Tatsache mehr. Es ist die verworrene Schwärmerei eines Menschen mit nachgeordneten Talenten, aber ohne geistigen Mittelpunkt.

Ein universaler Ausbruch schlechter Instinkte wäre niemals verwunderlich. Staunen darf man, daß sie nicht häufiger ausbrechen. Die Demokratie ist unter anderem eine Vorkehrung der Gesamtheit, damit die Instinkte der einzelnen auf ihr engstes Feld beschränkt bleiben. Sadist konnte einer sein, aber nicht Diktator. Sind nunmehr Diktatoren zulässig, dann überschwemmen sie auch schon den Markt; jedes Land hält die seinen vorrätig; bei jedem Einmarsch deutscher Truppen entsteigen sie mit gewölbter Brust ihren Löchern und lassen Strenge walten. Der griechische Gauleiter Hitlers hat mit dem ersten Wort verheißen, dies werde eine strenge Regierung sein. Denn die Griechen hatten sich mehrfach als liederlich erwiesen, sie kämpften wie ihr Leonidas für die Freiheit Griechenlands, erst gestern und schon vor hundert Jahren. Sie bedürfen einer harten Zucht, damit sie endlich wieder in der Furcht des Großherrn leben , kein Türke diesmal. Die anderen Gauleiter der eroberten Länder sind wie dieser mit dem griechischen Pseudonym.

### Darlan klingt besser

Das merkwürdigste Produkt ist bei weitem nicht der vereinzelte Hitler. Eine Erscheinung, die groß und echt über die Welt hinging, Napoleon, fand mitnichten seine Schüler überall bereitstehen; der war so einfach nicht nachzuahmen. Beute machen, unterwerfen, war nicht sein ganzer Beruf; kaum einen Staat hat er aufgehoben, so bequem er Preußen streichen konnte; wo waren dann Leipzig und Waterloo. Er nahm von den Fürsten, aber er entzog ihnen zuerst den Mißbrauch ihrer Macht. Durch ihn erfuhren die Völker von der Freiheit, die sie verdienen und erwerben sollten. Die Revolution hatte nur schmale obere Schichten eingeweiht. Der Kaiser eroberte der Erklärung der Menschenrechte hundert Jahre lebendiger Volkstümlichkeit. Hitler erobert die Ölfelder Rumäniens, und nicht einmal von Rumänien, das in aller Stille verschwunden ist. Übrig bleibt eine gespenstische Walachei. Niemand überlebt seine Ölfelder, reißend schnell, ob im Osten oder Westen, verwandelt jeder sich in die Walachei, die er sein wollte.

Hitler erobert den französischen Weizen. Alsbald wächst nur noch die Hälfte. Frankreich, sonst das Land des Überschusses an Getreide, müßte darben, sogar wenn es ernten dürfte. Hitler erntet und hat die Hochherzigkeit, dem hungrigen Süden einige Ladungen zuzuwenden. Der Norden mag um etwas härter hungern, Hitler benötigt von dem »freien« Süden die Flotte und Nordafrika. Dieser Beweggründe bewußt, hat Admiral Darlan die Deutschen dennoch hochherzig genannt. Für eine Fuhre Weizen? Vielmehr, weil die vollendete Besetzung seines Landes ihm gelegen kommt. Das Eindringen eines Feindes, der nur ihn selbst nichts kostet, in das französische Imperium; der Übergang der afrikanischen Armee; ihre Beihilfe, um England aus dem Mittelmeer zu jagen: das ist Ziel und Befriedigung eines Franzosen, der ohne die Zustimmung Frankreichs, an Stelle Frankreichs handeln darf. So sehen sie aus, der pseudonyme Grieche, der Franzose, der seinen Namen klingen läßt.

Ein Admiral Darlan war nicht vorhanden, auch als Seemann nicht, solange Frankreich bestand; ist aber nunmehr losgelassen und befugt, seinen persönlichen Neigungen zu folgen; das sind sie, das sind ihre Neigungen. Seine Schuld kann gemildert werden, falls er selbst nicht begriffe, woher sein Haß auf England. Wie jedem anderen Franzosen, macht der redliche Kampf der Briten ihm Scham: das ist seine innere Wahrheit. Wer ihn befragt hat, bekam Vorwände zu hören, geschäftliche Mißerfolge der Familie, die »England« verantwortet. Sieben Generationen ruinierter Darlans – mindestens fünf müßten vertrottelt, des abrutis de père en fils müßten sie gewesen sein, daß sie nach bezahltem Lehrgeld ihre englischen Geschäfte nicht aufgaben. Der Admiral holt nach. England, in seiner Vorstellung der hoffnungslos Unterlegene, wird von ihm billig abgestoßen, er wirft auch gleich Frankreich hinterher. Er glaubt an Hitler.

Den »Herrn Europas« beglaubigen seine Statthalter aller Grade, es sei wo immer. Sie sind Abgetakelte, ohne Haltung, ohne Norm. Ausnahmslos prostituieren sich »Unglückliche«, des malheureux, sagt die sehr christliche französische Sprache, zur Vermeidung von Härten. Der überzeugte Auslieferer einer ruhmreichen, ehrenhaften Flotte begeht das völlig Unerhörte; aber die Verfassung, in der er es tut, fände sich leicht wieder, nebenan im Café du Commerce, bei einem Verzehrer, der Pech gehabt hat und abgesondert sitzt. Ein Trost, wenn der Pechvogel als Machthaber wenigstens wahnsinnig wäre. Er ist nur piqué, gepiekt, etwas angestoßen. Die gibt es zu Hunderten in jedem Fach, jedem Land; aber ein Dutzend langen, damit ihre Heimat es unter der Fremdherrschaft noch schlechter hat, schlechter als sie selbst, vormals, zu den Zeiten der Freiheit. Sie hatten es noch immer zu gut gehabt, waren weder eingesperrt noch beseitigt worden; auch diese Mißachtung rächen sie nachher. Sie gleichen dem Geist, den sie begreifen; das ist ihr deutscher Boß.

Er und sie sind einander organisch verwandt, und sind einmütig. Persönliche Rachsucht hält die Gefolgschaft und ihren Meister besser zusammen, als reinere Menschen durch ihre geistige Leidenschaft jemals verbunden werden. Die beiden größten Revolutionen haben sich mit Selbstabschlachtungen geschwächt. Anders, wo es ohne Vorbehalt unsauber zugeht. Dort darf keiner die übrigen anwidern, das wäre das Ende. Die Art, die jetzt über Europa herrscht, die deutschen Vorgesetzten und ihre fremden Nachgeordneten kleben aneinander auf Gedeih und Verderb von dieser bis an jene Grenze des Kontinentes. Der ganze Klumpen muß auf einmal fort. Jede unüberlegte Hoffnung, er könnte sich auflösen, Deutschland zuerst hat sie widerlegt; Enttäuschungen außerhalb müssen nicht erst abgewartet werden.

Alle die heimischen Minderwertigkeiten, alle deutschen Grotesken, die Hitler vom ersten Tag an begleitet haben, sind unabänderlich dabeigeblieben: der Wanst mit dem unheimlichen Kindergesicht, zum zweiten Mal hat die schwedische maison de santé ihn nicht angefordert. Der Krüppel, ausgezeichnet durch seine ungesunde Lügenhaftigkeit, fiel angeblich auch mal in Ungnade; entbehrlich ist er nicht. Die einstigen Insassen von Irren- und Strafanstalten, die Alkoholiker, die Objekte der Sexual-Pathologie, mitsamt den Mördern – wer hätte an festlichen Tagen nicht gemordet – und den Dieben – das ist man für alltags – der ganze Verein bleibt lückenlos beisammen. 1934, nach einer seiner Bartholomäusnächte, sprach der Boß in seinem Nachtclub, den er Reichstag betitelt: »Ich sehe viele, die nicht da sind.« Sie standen ihm vor Augen, er hatte sie soeben ermordet. Es waren eine Anzahl der Seinen, die schneller als er zu arbeiten gedachten; Revolutionäre sowenig wie er, wurden sie den Umständen einer Stunde geopfert, die nächste hätten sie wieder mitmachen dürfen. Im Grunde waren sie der Anlaß für den einzig ernsten der frischen Toten: ein General vom guten Schlag. Der ist mit Überzeugung begraben worden, er war eine Gefahr für die Macht.

Aber die Macht behalten ist tatsächlich alles gewesen für den »Herrn Europas«: die Macht um ihrer selbst willen – man weiß mit ihr nichts anzufangen, außer daß immer mehr Wesen mit Menschengesichtern unter sie gebracht werden sollen. Die Macht in ihrer übelsten Gestalt ist auf das menschliche Unglück angewiesen, sie wird von Kriegen fett, der Friede würde sie aufsaugen, hic nulla, nulla pax. Sooft Hitler seinen Frieden anbieten mag, er hat keinen zu vergeben, nicht einmal die Larve des Friedens, keinen Augenblick auch nur seinen trügerischen Schein. Besäße er die Welt, dann wäre erst richtig Krieg, da doch Besitz, und gar der maßlose, unverdiente, den Verlust schon mitenthält. Niemand entscheidet, ob Europa wohl daran tat, einen zufälligen, ganz unberufenen Ausbeuter über sich zu lassen. Nur so viel: er beutet offene Gelegenheiten aus. Jedem anderen standen sie frei. Kein anderer war schamlos.

Europa, sonst wehrhaft genug, versagte sich diesmal dem Kampf, weil es seinen endgültigen Frieden nahe fühlte und seinem Gewissen nichts fortan genügte, es wäre denn die Einigung. »Es ist aber der Glaube ein inneres Wissen«; die Gewalt, die alles niederschlägt, trifft nie den Glauben. Sie macht das innere Wissen nicht ungeschehen. Der geistige Mittelpunkt, der einem Irrwisch von Eroberer fehlt, Europa hat und bewahrt ihn. Dieser Krieg hält auf; mehr kann ein Hitler nicht. Wenn alles vorbei ist, mag auf ihn zurückgeblickt werden als auf eine Lücke. Man war hineingefallen und ist wieder oben. Er wird keine Geschichte haben, scheint es auch zu ahnen, warum nennt er jeden seiner Tage noch vor dem Abend historisch. Seine Biographie, übertrieben wichtig genommen, solange das Unheil dauert, könnte bald genug zusammenschrumpfen bis auf den Umfang einer Krankengeschichte. Auch diese wäre bald vergessen, bliebe nicht die Erinnerung an den Erreger einer Seuche, die sein Beispiel virulent werden ließ, die heraufgespülte Menge der Minderwertigen, der Spätlinge, der zeitlosen Übeltäter, die sich selber höchst zeitgemäß nehmen.

Dies fällt auf: ein Gedanke von unbegrenzter Potenz, die Einigung Europas, erfaßt auch seine Feinde – die ihn schänden, was vermöchten sie anders. Aber Gedanken gibt es von einer Kraft, daß sie über ihre Anhänger hinweggehen. Der universale Anhang Hitlers traut ihm den Sieg zu; sie helfen ihm; in seinem Lager, Zwangsarbeits-, Folterungs-, Umschulungs- und Hungerlager, soll Europa sein. Auch das wäre die Einigung, für die gestrengen Aufseher über jeden nationalen Abschnitt des großen Straflagers Europa, wie für sein Material, die geduldigen Nationen. Den guten oder bösen Willen der vereinigten Schwachköpfe beiseite, wird die europäische Konföderation entweder nochmals ausbleiben, oder sie erscheint auf dem Weg der Befreiung. Deutschland ist ungeeignet; es hat nicht die Vorgeschichte, ihm fehlt die Erziehung, es bringt weder die Weisheit noch das Können mit. Ein commonwealth verlangt mehr als Baracken für Gefangene, und die sind der ganze

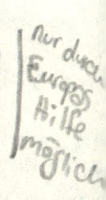
nur durch Europas Hilfe möglich

deutsche Beitrag zum Aufbau Europas. Übrigens liegt Westminster in Trümmern. Notre-Dame steht noch, weil deutsche Uniformen sich auf dem parvis ergehen.

Man müßte im Gegenteil die Kunst verstehen, sich unsichtbar zu machen, aber das will gelernt sein. Ich sehe England besser vorbereitet für das Amt, das nunmehr zu vergeben ist, Garant und Träger eines Gemeinwohls, mit allen äußeren Zeichen der Uneigennützigkeit. Selbstlos seh ich die Briten nicht, aber wie zufällig im Bündnis mit dem wohlverstandenen Vorteil der Gesamtheit. Sie würden, Irrtümer vorbehalten, den Kontinent nicht aufdringlich heimsuchen; Annexionen erscheinen ausgeschlossen. Protektorate wären ungefähr, was der Name sagt: er muß nicht, wie heute, schändlich sein. Die kleinen Nationen könnten aufatmen wie in vergangener Zeit, als ihre Neutralität achtbar war und geachtet wurde. Denn auch die großen wären jetzt endlich neutral. Europa, zusammengehalten von einer mehr als europäischen Macht, folgerichtig im Einvernehmen mit allen anderen Kontinenten. Kein gleich günstiger Fall ist denkbar.

Texte Arnold Zweigs

# Deutsche Hintergründe

## 1.

Als die NSDAP zur Macht kam, hatte sie gerade zwei Millionen Stimmen ihrer Wähler verloren. Gleichwohl hielt es das deutsche schwerindustrielle Kapital für nötig, den Führer der NSDAP unverzüglich zum Reichskanzler zu machen, um die zerspaltene und in sich verfeindete deutsche Arbeiterschaft in dem jetzt günstigen Moment niederzuschlagen, die Weimarer Republik zu liquidieren, die Rechte der Arbeiterschaft und die wirtschaftlichen Errungenschaften der Arbeiterschaft auf das Niveau der Bismarck-Zeit zurückzudrücken und sämtliche ausländische Produkte vom deutschen Binnenmarkt zu vertreiben, das Ausland aber trotzdem zur Abnahme deutscher Waren zu zwingen. Daneben mußte die Liquidierung der deutschen Auslandsschulden zu Ende geführt und die Aufrüstung zur Beschäftigung der deutschen Rüstungsindustrie in Angriff genommen werden. Wenn es so gelang, die deutsche Agrarproduktion zu beleben und die Arbeitslosigkeit durch Vergrößerung des Heeres und reichliche Rüstungsaufträge herabzudrücken, schienen alle Garantien gegeben, um die NSDAP und ihre Kampforganisationen dauernd im Dienst des Groß-Kapitals und des durch Herrn von Hindenburg vertretenen, höchst einflußreichen Großgrundbesitzes zu halten.

*→ Befreiung von Auflagen Versailles*

## 2.

Die NSDAP war von allem Anfang an die Partei der unzufriedenen Kleinbürger. Der Krieg, die deutsche Inflation und die politische Umschichtung hatten wesentliche Teile des deutschen Mittelstandes und der akademischen Jugend jeder Zukunftsaussicht beraubt. Dazu kam, daß die auf hunderttausend Mann verkleinerte Wehrmacht nur einen Bruchteil der Kriegsoffiziere verwenden konnte, während die Mehrzahl nach einer einflußreichen Zeit von vier Jahren plötzlich zur sozialen Spreu herabgedrückt bleiben sollte. Alle Faktoren der deutschen Nachkriegspolitik trugen dazu bei, das Wachstum dieser Partei zu fördern, weil die Sozialdemokratie nicht die Energie fand, von vornherein die nationale Phrase als wirksame Agitationsparole auszurotten. Solange aber die deutsche Reaktion imstande war, jede kraftvolle und darum werbende Linkspolitik zu lähmen, mußten die Mächte des Versailler Vertrages in den demokratischen Regierungen schwache und unzuverlässige Vertragspartner sehen, die jederzeit von einer Kriegspartei über den Haufen gerannt werden konnten. Vertrauenswürdig erschien ihnen nur ein Deutschland, welches entweder die Reichswehr im Zaum halten konnte oder von ihr getragen und gestützt wurde.

→ Problem der Parteien

3.

Das Programm der NSDAP hatte 14 Jahre lang allen alles versprochen. Nach 14 Monaten ihrer Herrschaft erwies sich bereits, daß sie, von belanglosen und zum Teil sogar schädlichen Bauerngesetzgebungen abgesehen, niemandem irgend etwas erfüllen konnte. Sie hatte 14 Jahre lang versprochen zu zaubern, aber nach der Machtübernahme ergab sich, was jeder Vernünftige schon vorher wußte: daß sie nicht zaubern konnte. Daher hatte sie mit Notwendigkeit ihre Wählermassen enttäuschen müssen. Diese Enttäuschung war ungefährlich, solange sie die Interessen ihrer Auftraggeber wahrnahm und sich auf das Parteiheer stützen konnte. In den letzten Monaten nun begann diese Stütze zu wanken. Die SA, geschaffen und geführt von Ernst Röhm, wurde der Träger einer Aufruhrbewegung, die die Naivität hatte, von der regierenden Partei die Erfüllung des Parteiprogramms oder mindestens den Versuch dazu zu fordern.

4.

Der Hauptmann Ernst Röhm war nicht etwa ein Sozialist, aber er was als Weltkriegssoldat noch weniger ein begeisterter Diener des Finanzkapitals. Er wollte sich des Kapitals bedienen, nicht ihm gehorchen. Er hatte im Jahre 1919 den ehemaligen Gefreiten bei einem bayerischen Infanterieregiment, A. Hitler, in den Dienst einer Agitation genommen, die im Auftrag und mit dem Geld bayerischer Reichswehrkreise die Agitation gegen den Frieden von

Versailles, zugleich aber im geheimen die Agitation gegen die deutsche Republik in den kleinen Städten und auf dem flachen Lande Bayerns auszuführen hatte. Dabei erwies sich der Gefreite Hitler als höchst brauchbares Werkzeug und die von einem gewissen Drexler geschaffene bayerische Splitterpartei NSDAP als die geeignete Zelle, um im Sinne Röhms auf Kleinbürger und Arbeiter, Studenten und Münchener Intellektuelle zu wirken. In allem blieb Ernst Röhm der leitende Wille dieser Partei. Er stellte die Verbindung zu dem General von Epp her, er ließ mit sechzigtausend Papiermark das Wochenblättchen der NSDAP, den Völkischen Beobachter, vor dem Bankrott retten und entnahm dieses Geld geheimen Reichswehrmitteln, das heißt den Finanzen der Weimarer Republik, die er niemals anerkannt hatte und zu zerstören bereit war. Er gründete und organisierte später das Partei-Heer, die SA oder Sturm-Abteilungen, als er erkannte, daß die terroristischen Versammlungen einer antidemokratischen Partei selbst gegen die Angriffe der Gegner geschützt sein müßten. Er sorgte dauernd für ein gutes Verhältnis zwischen den reaktionären Kreisen der Reichswehr und dieser braunen Privatarmee, in der er von Anfang an das Rekrutendepot einer zukünftigen und größeren Wehrmacht aufbaute. Er brachte Scharen ehemaliger Offiziere und aktiver Reichswehroffiziere teils in die Partei, teils zur militärischen Ausbildung der Sturm-Abteilungen in ihre Dienste. Ihm, dem erfahrenen Truppenoffizier, waren die Stimmungen der Mannschaft und ihre Wünsche genau bekannt und zur Aufrechterhaltung der Schlagkraft äußerst wichtig. Da Adolf Hitler seine Kreatur war, hatte er vor ihm wenig Hochachtung. Er wußte, daß der »Führer« mit größter Geschicklichkeit und anerkennenswertem Elan ausführte, was die wirklich Mächtigen ihm suggerierten, wenn seine Eigenliebe dabei durch geschickte Formen geschont wurde. Als er erkannte, daß Deutschland von der Partei, die nicht zaubern konnte, aus der Krise nicht herausgeführt wurde, sondern immer tiefer in sie hinein, weil Krise und Isolierung vom Weltverkehr und Welthandel beinahe die gleichen Tatsachen beschreiben, beschloß er, wenigstens die politischen Machtfaktoren des neuen Reiches innerhalb Deutschlands vor dem Einsturz zu bewahren, das heißt die gärende SA zufriedenzustellen. Wenn man keine Arbeit beschaffen konnte, so konnte man der SA, zum mindesten ihren ältesten Scharen, Land zum Siedeln verschaffen. Vermochte man es nicht auf kriegerischem Wege den Polen und Russen abzunehmen, so mußte man für Siedlungszwecke auf die längst unrentablen, mit Reichsmitteln gestützten Groß-Güter des deutschen Ostens zurückgreifen und hier Land enteignen, das man längst mit Hunderten von Millionen bezahlt hatte. In diesem Willen zur Landnahme innerhalb der eigenen Grenzen traf sich der Hauptmann Ernst Röhm mit dem General und ehemaligen Reichswehrminister und Reichskanzler Kurt von Schleicher.

→ Geschichte & Beginnender Aufstieg Hitlers

5.

Der Reichskanzler Schleicher war beseitigt worden, weil er und als er sich anschickte, im Winter 32/33 mit Hilfe der Freien Gewerkschaften als »Sozialer General« Siedlungsland aus eben diesen Quellen herbeizuschaffen. Der Angriff auf den Großgrundbesitz hatte genügt, ihn wegzufegen, weil der Großgrundbesitz in dem Präsidenten von Hindenburg und seinem Sohn einen unfehlbaren Hebel besaß. Gleichwohl hatte Schleicher hinter den Kulissen Einfluß und in der Reichswehr Anhang genug, um wieder in Aktion zu treten, als die lärmenden antimonarchistischen und antikonservativen Propagandamaßnahmen den deutschen Großgrundbesitz zu verärgern begannen. In einem pommerschen Konzentrationslager waren Mitglieder des Grundbesitzes und der Militäraristokratie schwer mißhandelt worden; der verantwortliche Provinzialleiter der NSDAP war auf Betreiben des Generalstaatsanwaltes von Hake zu mehreren Jahren Einsperrung verurteilt worden; der Minister Göring hatte diese Strafe in ebenso viele Wochen Haft umgewandelt und den erprobten Parteigenossen freigelassen. Die außenpolitische Isolierung Deutschlands, gleichbedeutend mit der Aussichtslosigkeit deutschnationaler Kriegspolitik, hatte dem General von Schleicher und seinem Anhang starke Trümpfe in die Hand gegeben; die Unzufriedenheit im ganzen Volke, der Kampf gegen die christlichen Kirchen, das Übergreifen der Parteiorganisation in die Familien, die Jugenderziehung und die Beamtenschaft beunruhigten die früher führenden, reaktionären Beherrscher Preußens. Der Antisemitismus hatte mehr geschadet als genutzt, das Erwerbsleben ging dauernd zurück; es war Zeit, gegen den totalen Staat eine gewisse Lockerung durchzusetzen und unproduktives Land östlich der Elbe mit Zehntausenden von Siedlern zu besetzen, um ein werbendes Programm und wirksame Taten der Gärung innerhalb der treuesten Anhängerschaft der herrschenden Strömung vorweisen zu können. Allzu verhängnisvoll hatte sich der Reichskanzler in den Dienst seiner »wirtschaftlichen Berater« gestellt, der schwerindustrielle und finanzkapitalistische Einfluß zu Deutschlands Isolierung geführt und die Grundlagen der Diktatur erschüttert. Geschmeidig, wie Hitler war, würde er sich auch mit neuen Machtfaktoren abfinden können, wenn sie nur stark genug auftraten. Der Vizekanzler von Papen, schon immer hin und her zwischen den verschiedenen Gruppen der Reaktion, bereitete Aktionen vor, indem er zur Stimme der besorgten Patrioten wurde. Eine Verbindung zwischen Röhm und Schleicher schien den Erfolg des neuen Kurses zu garantieren. Keinem seiner »Mitarbeiter« verdankte der Reichskanzler so viel wie seinem Stabschef Ernst Röhm und der wohlwollenden Duldung, die ihm General Schleicher bei der Reichswehr zehn Jahre lang erwirkt hatte.

6.

Mit Revolverschüssen hat das Regime Hitler die Dienste quittiert, die Schleicher, Röhm und die landhungrige SA ihm geleistet haben. Eine ganze Schar treuer NSDAP-Leute mußte sie in die Versenkung begleiten, weil sie gewagt hatten, die eine Hälfte der deutschen wahren Machthaber anzutasten und für schwächer zu halten, als sie waren. Die deutsche Agrarrevolution, fällig seit dem 16. Jahrhundert, wird von keiner Militärdiktatur eingeleitet werden. Sie bleibt die Aufgabe einer echten sozialistischen Bewegung und einer bessern und freieren Zeit.

# Alldeutsche voran!

## 1.

Völlig undurchsichtig muß dem Uneingeweihten die Rolle sein, die in den Verwicklungen der letzten sechs Jahre dieser smarte Propagandaminister spielte. Galt er nicht neben Röhm und Gregor Strasser als der linke Mann, der Antikapitalist und zugleich als Mundstück und Held eines schäumenden Bolschewikenhasses? Fühlte er sich nicht berufen, in allen seinen Sportpalast-Reden, wie vorher in seiner Zeitung »Der Angriff«, Pech und Schwefel regnen zu lassen gegen die korrumpierenden Banken und die Moskauer Marxisten und Manna zu streuen für die deutsch-sozialistische Idee und ihre Träger, Vertreter des echten Sozialismus gegenüber dem falschen? Stammte er nicht aus dem Rheinland, aus dem Industriegebiet, in welchem klare Trennung zwischen dem Fabrikherrn und der Belegschaft entsteht, gleichsam naturnotwendig? Hatte ihn nicht Gregor Strasser vor etwa fünfzehn Jahren aus einem obskuren Parteibüro herausgeholt, seine Qualitäten entdeckt und gefördert und ihn erst zu jenem Goebbels gemacht, der imstande war, unter einer schlafenden Republik mit seinen Beschimpfungen, Verdächtigungen und hemmungslosen Lügen Berlin zu erobern? Seither hörte man aus dem Radio seine sonore Stimme, seine salbungsvoll hingelegten Phrasen, deren Byzantinismus gegen Hitler durch nichts zu überbieten war. Während die hingeschlachteten Kadaver seiner »Gesinnungsgenossen« Röhm und Strasser noch rauchten, küßte Joseph Goebbels die Hand, die zuzuschlagen wußte. Der brutale Selbsterhaltungstrieb des Führers hatte sie geopfert, wie vorher seine alten Bundesgenossen und Putschgegner Kahr und Seißer und heute den ganzen russenfeindlichen Kram. J. P. Goebbels verkündete damals der vor Scham errötenden Welt, daß alles gut und notwendig war, was geschah, Charakter und Veranlagung der Männer verunglimpfend, die er so lange im Auftrag verherrlicht hatte. Erinnerte er sich denn nicht, daß Hunderttausende im Berliner Sportpalast sein Bekenntnis zu denselben Meinungen und Absichten gehört hatten, die Röhm und Strasser mit dem einfachen SA-Mann verbanden? Und nun auf einmal

Räuber und Päderasten? Auch heute wird er, zweifelt nicht, die Sprache wiederfinden, die ihm der Russenpakt des Herrn von Ribbentrop verschlagen hat. Jetzt regiert in Deutschland der Hintergrund von früher, das Alldeutschtum, vertreten durch den Marinestab des Herrn Raeder. Auch ihm wird Goebbels erbötig sein.

*– D beteiligter Goebbels; Einführung*

## 2.  Heimkrieger Goebbels

Paul Joseph Goebbels vertritt im Reigen der Nazi-Typen die Generation der Heimkrieger, jener jungen Leute, die auf Grund körperlicher Untauglichkeit den alten Weltkrieg nicht mitmachten. Sie mußte diesen Mangel durch besondere Schneidigkeit und  besonderen Haß gegen alle diejenigen ausgleichen, welche die Lehren des Krieges zu Antimilitaristen gemacht hatten, zu leidenschaftlichen und aufrichtigen Förderern friedlicher Entscheidungen internationaler Konflikte wie etwa den Präsidenten Dr. Benesch. An dieser Stelle bereits erweist sich die moralische Schwäche eines solches Typs. Die natürliche Folgerung aus seiner Lage bei natürlichem Selbstgefühl und würdigem, gradlinigem Charakter wäre für Joseph Goebbels wie für die Hunderttausende seiner Schicksalsgenossen dankbarer Genuß der neuen friedlichen Basis einer Welt gewesen, in der vier Jahre einer sinnlosen Schlächterei schließlich nicht anderes bewirkt hatten als den Ruin der angreiferischen, schon damals »faschistisch« regierten Kaiserreiche Österreich, Deutschland, Rußland und des Sultanats. Aber Typen wie Goebbels haben eine angeborene Zuneigung zur Fälschung und Verwirrung der Tatsachen, zu schiefen Folgerungen und irrigen Thesen. Sie benutzen den Intellekt, den sie besitzen, nicht zur Prüfung der wirklichen Lebensvorgänge und der gesellschaftlichen Struktur, sondern stellen ihn in den Dienst ihrer Affekte, dessen, was sie aufbringt, wild macht, schäumen läßt. Man verzeichnet bei ihnen eine geistige Abnormität: sie verwechseln die Überzeugungskraft eines Sachverhalts mit seiner Fähigkeit, aufzureizen, wutblind zu machen. Dieser Typ glaubt, was ihn entweder vor Begeisterung hinreißt oder vor Empörung umwirft. Bei so gestörter Verstandesgrundlage kann ein Mensch ruhig auf ehrwürdigen Universitäten studiert und bei ernsthaften Gelehrten den Doktor gemacht haben: tatsächlich kommt er charakterhaft nicht über ein Kindesstadium hinaus. Denn das, was hier geschildert wird, ist der Typ einer Entwicklungsstörung, der des verwahrlosten Kindes, um dessen Zurechtrückung sich in den entscheidenden Jahren niemand hat kümmern können. Diese Unglücklichen erfuhren solche Verwilderung in der Lügenatmosphäre von Krieg und Inflation, die Deutschland von 1914 bis 1924 verseuchte. Sie sind Opfer, aber Opfer, die wie im Falle des Dr. Goebbels ihrem eigenen Verfall zugestimmt haben, aus Gründen, die in ihrer Person und Seele beschlossen sind. Denn es bedurfte nur einer normalen sittlichen Anstrengung, eines sogenannten Über-Ichs, um mit Freud zu sprechen, um aus ihren Mängeln eine mächtige Triebkraft zu entbinden, die zu wirklicher Charakterstärke, zu innerer Weite und Höhe führen konnte.

## 3. *Gefährlicher Infantilismus*

Statt dessen macht der Typus Goebbels aus sich ein Propaganda-Werkzeug für alles, was aufpeitscht, Haß erzeugt, gefahrlos niederreißt. Seine Spekulation baut sich auf der Großmut und der Schwäche des demokratischen Systems auf, wenn es von seinen Trägern nicht richtig verstanden wird. Wer nachgewiesenermaßen Verleumdung und Verhetzung dazu benutzt, seine politischen Gegner zu beseitigen, gehört hinter Gitter und Mauern. Schon als Goebbels zum Beispiel den damaligen Berliner Polizeipräsidenten Dr. Bernhard Weiß mit dem Namen Isidor belegte, um ihn verächtlich zu machen, erwies sich das. Seine Methode, die Privatwohnungen seiner politischen Gegner in seiner Zeitung zu veröffentlichen, um so verhüllt Attentate gegen sie zu veranlassen, kleidete Denunziationen in die Form von Warnungen. Er gab überdies, vor offenem Gericht nachgewiesen, seinen Klumpfuß für eine Kriegsverletzung aus, um sich bei ehemaligen Frontsoldaten einzuschmeicheln und ihnen gleichwertig zu erscheinen. Er behauptete, in belgischen Gefängnissen mißhandelt worden zu sein; alle seine Lügen hatten so kurze Beine. Solch pathologische Brunnenvergifter mögen unser Mitgefühl erregen, aber nur, wenn sie bis zur Heilung ihrer Geistesstörung in einer geschlossenen Anstalt oder psychiatrischen Klinik aufbewahrt werden. Kein Staatswesen mit Selbstachtung läßt einen solchen Menschen, unter welchen Vorwänden auch immer, die öffentliche Ordnung gefährden, eine Zeitung herausgeben, Hetzreden halten. Die Demokratie setzt das Gefühl und das Bewußtsein für die Würde des politischen Lebens und die Verantwortung voraus, daß jeder für das, was er öffentlich sagt, mit seiner ganzen Person einsteht. Der krankhaft Enthemmte ist dazu nicht in der Lage, folglich darf man ihn ebensowenig schreiben und drukken lassen, wie man einem krankhaften Brandstifter die Feuerwehr übergibt. Jeder Gebildete weiß heute, daß in einer bestimmten Kindheitsperiode die Lust am Spiel mit dem Feuer fast unwiderstehlich ist. Bei einem bestimmten Prozentsatz bedauernswerter Kinder erhält sie sich bis ins erwachsene Alter, woraus dann die Serien von Dachstuhl- und Scheunenbränden entstehen, die von Zeit zu Zeit auftreten. Eine ähnlich krankhafte Ungehemmtheit der Wahrhaftigkeit gegenüber »retten« gewisse Erwachsene aus dem Kindesalter in die Zeit der Reife. Aber während niemand behauptet, Demokratie involviere Freiheit für die Brandstifter, gibt es immer noch Menschen, welche für die gleiche Pathologie Freiheit verlangen, sofern sie sich nur der Unwahrheit, der Verleumdung, des bedruckten Papiers und des Mikrophons bedient.

## 4.  1934, 1939

Wahrscheinlich sympathisierte der Reichskanzler Adolf Hitler, wie jetzt mit den Opfern seines Seekriegs, seinen U-Boot-Mannschaften, damals auch mit den erschossenen SA-Führern. Er ließ sie, damals wie heute, nur erschießen, weil er einsah, daß er der Gefangene stärkerer Mächte sei und nur die Wahl habe, entweder zu gehorchen oder selbst zu verschwinden. Sicher ist aber, daß der Propagandaminister Dr. Goebbels in dieser Lage war. Er sympathisierte nicht nur mit den »sozialistischen« Tendenzen in der SA, er hatte sie selbst immer wieder angepeitscht und immer wieder die Fortsetzung der Revolution, den zweiten Stoß, gefordert. Niemand hatte so konsequent versucht, das Proletariat und besonders die Jungarbeiter in die NSDAP hineinzu-

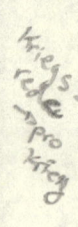

schmeicheln wie der Schriftleiter des »Angriff«. »Steht auf, ihr jungen Aristokraten eines neuen Arbeitertums! Ihr seid der Adel des Dritten Reichs, was ihr mit eurem Blute sät, wird als herrliche Ernte aufgehen! Ballt die Fäuste, strafft die Stirnen! Zertümmert die Gleichheit der Demokratie, die dem jungen Arbeitertum den Weg zur geschichtlichen Vollendung versperrt!« Das sind Goebbels-Sätze, die er ein Jahrzehnt auf die Massen losließ. Und als 1929 der Kreis um Gregor Strasser, einst Apotheker in Landshut, Bayern, seine vierzehn Thesen der deutschen Revolution veröffentlichte, sprach er nur das Gedankengut aus, dem sich auch der Dr. Goebbels verpflichtet und dankbar fühlte und das er unermüdlich in die Partei hineinhämmerte: »§ 9) Die deutsche Revolution erklärt das Obereigentum an Grund und Boden und Bodenschätzen, deren Eigentümer nur Lehensträger der Nation sind, ihr bzw. ihrem Staat Rechenschaft und Leistung schuldig, wie die Nation gesamt dies Eigentum verteidigt. – § 11) Die deutsche Revolution sieht dies Wohl der Nation nicht in der Häufung materieller Werte, nicht in einer uferlosen Steigerung des Lebensstandards, sondern ausschließlich in der Gesundung und Gesunderhaltung jenes gottgewollten Organismus der Nation, auf der dieser deutschen Nation die Erfüllung der ihr vom Schicksal gestellten Aufgaben möglich ist.« Freilich verhinderten diese Thesen ihren Verfasser nicht, nach der Machtergreifung eine Art Mitdirektor des I.G.-Farbenkonzerns zu werden, eine Villa zu bewohnen, Tantiemen zu scheffeln. Es handelte sich ja nicht um wirkliche Sozialisten. Aber noch weniger berechtigte in einer Atmosphäre allgemeiner Charakterlosigkeit der Abfall vom eigenen Programm den Jünger und Nachbeter Goebbels dazu, den einstigen Förderer und Befruchter ans Messer zu liefern. Er aber war es, Joseph Goebbels, der durch seine Hetzen gegen die Unzufriedenen (»Miesmacher und Kritikaster«) die Stimmung schuf, welche ihr gewaltsames Niederschlagen, den Abschub seiner eigenen Gesinnungsgenossen ins Konzentrationslager, einleitete, rechtfertigte. Kann es ihm also fehlen, jetzt das Bündnis mit dem roten Rußland zu glorifizieren? Er hat alle Schwenkungen rechtzeitig vollzogen, die von links nach rechts, die von rechts nach »links«. Ob er es war, der 1934 in Gera den zögernden Führer von der Notwendigkeit des Losschlagens gegen die SA überzeugte? Sicherlich hatte er in jenem Augenblick die wahren

Machtverhältnisse noch nicht richtig eingeschätzt. Denn er ist alles andere als ein politischer Kopf, er erleidet einen Fehlschlag nach dem anderen und hat für alles nur ein Allheilmittel: alle Schuld auf die Juden zu schieben.

## 5. Anfang und Ende

Sicher ist, daß das Judentum in der Welt keinen gefährlicheren Feind hatte als Herrn Hitler und seinen Goebbels, den Mann der Propaganda um jeden Preis und mit allen Mitteln, der, mehr als sein Meister, eine gewisse, oberflächliche Bildung besitzt und seine Hemmungslosigkeit mit überlegener Kühle in den Dienst eines Willens stellt, wie jener auf alle Fälle im Genusse der Macht zu bleiben. Die brutale Energie Görings, die völlige Schamlosigkeit des Herrn Streicher mögen auffälliger sein und lauter vorgehen. An Zähigkeit ist ihnen Joseph Goebbels überlegen. Unumschränkt herrscht er über die Presse, das Theater, den Rundfunk und das Plakatwesen des Dritten Reiches. Bewiesen ist, daß er sie alle korrumpiert, verödet, heruntergewirtschaftet hat. Jeder noch so durchschnittliche Kopf mußte ins Konzentrationslager wandern, wenn er die Aufforderung zu freimütiger Kritik für bare Münze nahm, die der Propagandaminister von Fall zu Fall in höhnischen Reden der Presse zurief. Seine antisemitische Leidenschaft hatte Herr Goebbels schon als Jüngling in einem ungewöhnlich talentlosen Roman »Michael« niedergelegt. All die letzten Jahre hindurch lag es so, daß für den drohenden Zerfall und die Unzufriedenheit breitester Parteianhängerschaften ein Sündenbock gefunden werden mußte, eine Parole, geeignet, die Wahrheit zu verdecken und die Empörung in Kanäle zu lenken, in denen sie für das Regime ungefährlich ablief. Da man nun außer der Kirche keinerlei greifbare Gegnerschaft im Lande besaß, mußte mit Notwendigkeit das deutsche Judentum den Vorwand liefern, der die Aufspaltung der Anhängerschaften verdeckte und die Nachforschung nach den wirklichen Ursachen innerpolitischer Vorgänge verhinderte. Denn obwohl das deutsche Volk an Glauben und Folgsamkeit in diesen letzten Jahren das Höchste geleistet hat, wird es doch einmal für das vergossene Blut Rechenschaft verlangen. Daher stand im Sommer 1938 zu erwarten, und einzelne Nachrichten deuteten es an, daß für die deutschen Juden eine neue Zeit der Prüfung und des Leidens anbrechen würde. Nur die schärfste Aufmerksamkeit der Weltpresse und das wache Gewissen der Kulturwelt außerhalb Deutschlands konnten das Schlimmste verhüten, die Tapferkeit ausländischer Journalisten, besonders der englischen und französischen. Sie standen November 38 auf dem Vorposten der Gesittung, als sie berichteten, was sich während der befohlenen und künstlichen Pogrome in Deutschland ereignete. In noch größerem Maße als bisher hatten sie die noch anständigen Elemente des deutschen Volkes dabei hinter sich. Denn überall wird die Tatsache zugegeben, daß die deutschen Arbeiter und Bürger nur noch ausländischen Zeitungen Glauben schenken, seien sie nun von Schweizern oder anderen Europäern geschrieben. Jetzt liegt in der allgemeinen Angst vor der Niederlage, Blockade, Inflation und neuen Entbehrungen genug Zündstoff für antisemitische Exzesse in der Luft des bedauernswerten Landes. Aber es hat sich, gleichgültig, warum, nun einmal dem braunen Feinde aller Kultur, allen Geistes und aller öffentlichen Sittlichkeit verschrieben. Jetzt muß es bis zu einer wirklichen Umkehr zu Ende leiden, was zwangsläufig entsteht, wenn ein Volk seine eigenen Traditionen aufgibt. Wer in wildem Nationalismus sich am eigenen Wesen berauscht, statt an ihm durch Einsicht, Selbsterkenntnis und Achtung vor Fremden zu arbeiten, hat seinen Weg gewählt. Niemandem wird auf Erden geschenkt, was er sich bereitete. Der Anfang mag frei sein, das Ende ist zwangsläufig gesetzt. Im Falle Deutschlands heißt es: die Niederlage.

→ Gründe für Hass gegen die Juden
↳ Dt. in Europäischen Zeitungen
→ Ende dieser Herrschaft

# Lesestücke für Schüler

## 1.  Maßstäbe

Als Piccards Stratosphärenballon zum Aufstieg fertig vor Anker lag und die gasgefüllte Birne majestätisch über der Gondel schwebte, flog vom nahen Walde in der Morgenfrühe ein Wiedehopf herbei, setzte sich auf die oberste Kuppe, hinterließ seinen Kot, grüßte »Heil Hitler« und flog davon. Dann schwebte der Ballon mit den Menschen in der Gondel den Sternen entgegen. Er trug das Stückchen Vogelkot höher hinauf als jemals irdische Materie gelangt war – höher selbst als das Haupt des Forschers, der das geniale und kühne Unternehmen erwogen, entworfen und gewagt hatte. Aber trotz alledem: der hochgetragene Dreck blieb Dreck.

Dies bedenke, wenn die Erwachsenen all die Jahre hindurch vor dem Erfolg der Hitlerei erschauerten.

## 2.  Die Schießscheibe

Bevor jener berühmte Geistesgestörte, den die Geschichte unter dem Namen »Der Anstreicher« kennt, an die Verwirklichung seiner Pläne ging – verrückte, ihm aber durchaus einleuchtende Pläne –, erkannte er die Notwendigkeit, sich im Gebrauch der Schußwaffen auszubilden und gleichwohl keinen Argwohn zu erregen, da ihn die vernünftigen und friedliebenden Mitbewohner des Dorfes sonst allzu schnell hätten unschädlich machen können. Denn sie wußten, daß sie die Stärkeren waren, und sie wußten, daß er es wußte. Gleichwohl scheuten sie Unfriedlichkeiten in ihrem Dorf, und, mit dem wohlbekannten Scharfsinn des Verrückten, legte der Anstreicher diese Abneigung seinem Plan zugrunde. Unter den Bildern, die, auf Leinwald gemalt und gerahmt, sich im Hause vorfanden, wählte er das Porträt eines alten Juden, in seiner Feiertagstracht, und trug es in den Hof. Dort nagelte er es an das Scheunentor, so daß jeder Vorübergehende es erblicken konnte. Mit schwarzem Kohlestift malte er die wichtigsten Ausdruckslinien des

Bildes nach, indem er es also vereinfachte, verdeutlichte und verzerrte. Er verfuhr dabei nicht ungeschickt, so daß er manchem
Vorübergehenden ein Lachen abnötigte, wie ja die Bildnerei der
Geisteskranken von Irrenärzten oft studiert worden ist. Das Bild
ähnelte jetzt einer Vogelscheuche von jüdischem Typus, auf deren
Brust, mitten auf der weißen Weste, ein roter Stern angebracht
ward, bestehend aus Sichel und Hammer und aus einer Zeitung
geschnitten, der Sammelwut mancher Irrer entsprechend. Jetzt
holte der Irrsinnige seine Büchse, nahm gehörigen Abstand und
begann, sich sorgfältig einzuschießen, immer wieder den Ruf aus-
stoßend »Die Schießscheibe ist an allem schuld«. Da das Zerrbild
des Israeliten Abscheu und Gelächter erweckte, hielt jeder Dörfler
das Tun des Anstreichers für harmlos, froh, ihn gewähren zu lassen.
Ja, der Ruf »Die Schießscheibe ist schuld« setzte sich in vielen Köpfen so fest, daß er manchen der Dörfler auch noch bewegte, als der
Anstreicher längst, mit seinen Waffen drohend, eine Fülle von
Unheil angerichtet hatte: den jüdischen Arzt des Dorfes vertrieben,
den Vetter Seppl in den Keller gesperrt, die Köchin Libussa ausge-
raubt und den Hof des Nachbarn Polski in Brand gesteckt und ihn
selber halb erwürgt hatte. Jetzt endlich taten sich die Großbauern
zusammen, ihm das Handwerk zu legen. Aber was einfach gewesen
wäre, als das Bild des jüdischen Mannes noch an der Wand hing,
ward jetzt eine Aufgabe, die alle Kräfte des ganzen Dorfes in Anspruch nahm und gefährdete. Es war zwar keine Frage, daß man
den Anstreicher schließlich überwältigen und unschädlich machen
würde, aber viele Leute hatten doch gesehen, wie weit man komme
und wie es einem geraten könne, wenn er der Welt beizubringen
versteht, die Schießscheibe sei schuld.

Also, mein Sohn, wähle Deine Schießscheibe so, daß Du Verdacht auf sie ablenken und die Leute glauben machen kannst, sie
sei schuld.

# Der Typus Hitler
*(Entwurf)*

Damals brachte ich nach Wien den Entwurf einer psychologischen Studie mit, der in der Form einer Disposition oder eines Schemas eine Art Skelett oder seelische Bestandsaufnahme des deutschen »Führers« versuchte – für ein kleines Buch, dessen Titel die Überschrift dieses Kapitels wiedergibt. Ich wollte ihn meinem großen Freunde vorlegen, um seine Meinung zu hören, nicht etwa um ihn zu einer politischen Stellungnahme zu veranlassen – dazu war mir seine Ruhe und bürgerliche Sicherheit zu kostbar. Mein Schema aber, um das goethische Wort zu benutzen, ging wie folgt:

Der Vater Alois Hitler heftig, jähzornig, kleiner Beamter, vom Leben zurückgesetzt, also in der Familie Tyrann. Sein Ältester Adolf, ohnehin im Verdacht, von einem anderen Vater zu stammen, durchaus mit heftigem Schelten und den üblichen Schlägen schon als Kleinkind »erzogen«. Die Mutter Klara Pölzl, sanfter, zärtlicher, weniger gefürchtet von Adolf, erst mehr geliebt, dann innerlich weggeschoben. Identifikation mit der Mutter, um die Gunst des eindrucksvollen Vaters zu erringen. Flucht in die Phantasiewelt, weil in der Realität Wettbewerb mit der Mutter beim Vater nicht gelingt.

Das Kind Adolf Hitler sucht Ersatz für das ihm feindliche Leben im Hause bei der Kinderhorde auf der Straße. Da jede geschulte Betreuung mangelt, wird sein Anspruch auf Geltung von den stärkeren Kindern zurückgewiesen. Er wird ein asoziales, in der Entwicklung gehemmtes Straßenkind, dessen phantasierende Großsprechereien von der Horde verhöhnt oder mit Prügel und Niederlagen vergolten werden. Seine Rachephantasien halten seine erotische Entwicklung auf der anal-urethralen Stufe zurück. Später wird er den heißen gelben Harnstrahl durch beißende aggressive Reden von unmäßiger Dauer ersetzen, er wird die Kotfarben braun und schwarz zu seinen politischen Machtfarben wählen und aus seinem Geburtsort Braunau einen Braunkomplex entwickeln, so daß er überall Braune Häuser errichtet (Parteihäuser), seine SA mit Braunhemd und Dolch ausstattet, die Uniform, die er selber trägt, und ein Mädchen Eva Braun schließlich heiratet und mit sich umbringt. Der Sadismus, den er in Phantasien befriedigt, wird für ihn von anderen und auf seinen Befehl in die Wirklichkeit getragen und führt zu der Braunen Barbarei. Sein Haß gegen die Kinderschar, die ihn auf den Straßen nicht gelten ließ, wird es ihm leicht machen, später, wie er zu Rauschning äußert, drei Millionen junger Deutscher für die Zukunft des Reiches auf den Schlachtfeldern zu opfern. Leider wurden es später von Deutschen über fünf Millionen und von allen von ihm überfallenen Völkern an fünfzig.

Auf der Kotstufe hält sich auch seine sogenannte künstlerische Tätigkeit, er spielt mit Tuschen und Farben, wird Maler ohne eine Spur von künstlerischer Begabung. Seine Vorstellungswelt bleibt eine onanistische Selbstbefriedigung, wie sein Geschmack in der Malerei beweist, äußerst naturalistisch aufgefaßte, zugleich kitschig und photographisch vorgestellte nackte Frauen vertreten bei ihm die Stelle der künstlerisch verklärten Akte der großen Maler.

Auf der Kinderstufe bleibt er auch in bezug auf Essen und Trinken: als Vegetarier braucht er kein Messer zu benutzen, genügt ihm der Löffel, zieht er Süßigkeiten und Milch dem Bier und Wein vor. Daß mit Vegetarismus die verschiedensten weltanschaulichen Phantasiesysteme verbunden sind, dient als Lustprämie.

Mit diesem verbunden, wird ein Erlöserwahn entwickelt, der sich zunächst auf das deutsche Volk, später auf die Menschheit bezieht: erlöst werden muß die Welt vom Teufel, den der kleine Adolf im Juden wiederfindet. Gleichzeitig erspart sich dieses asoziale Kind die ganze außerordentlich große Anstrengung und Kraftausgabe, die mit dem Erwerb einer normalen durchschnittlichen Anpassung an die Wirklichkeit verbunden bleibt und die jedes durchschnittliche Kind leisten muß. Er wird trotz unleugbarer intelligenter Wendigkeit ein schlechter Schüler, auch in späteren Jahren (Linzer Realschule). Die Kraftreserven, dadurch erspart, dienen ihm später zur Überwältigung von Massen, wobei ihm Zunge und Reden dieselben Dienste erweisen (Werkzeuge sind) wie in der Kleinkinderzeit Penis und Harnstrahl. Außerdem werden ihm diejenigen seelischen Mechanismen zugute kommen, in der Masse der Zuhörer und in ihm, welche Karen Horney in ihrer Arbeit »Der Glanz der Hysterie« beschrieben hat. Um auf den Hauptpunkt zurückzukommen: seine ganze Jugend, nicht nur seine Kindheit, ist beherrscht von der Todesangst (Kastrationsangst), die der jähzornige und grobe Vater ihm eingepflanzt hat. Dieser Alois Schicklgruber, später Hitler, ist als pensionierter österreichi-

scher Unterbeamter für den kleinen Adolf auch bekleidet, besonders auch durch Uniform und Säbel, mit der Autorität des Kaisers,
des Staates, der habsburgischen Doppelmonarchie. (Da der Vater
der Mutter das Wirtschaftsgeld gibt und A. Hitler sich als Kind mit
der Mutter identifiziert, erwartet und verlangt er auch von der Va-
tervertretung, dem Staate, daß er für seinen Unterhalt sorge. Wird
dadurch unfähig, sich seinen Lebensunterhalt zu verdienen – aus
Trotz –, was durchschnittlich jedem Menschen gelingt, und sinkt
sozial herab bis zum Dauergast des Obdachlosenasyls im 19. Be-
zirk.) Ein Wesenszug dieses Typus Hitler entsteht ebenfalls aus der
Todes– und Kastrationsangst: der Haß gegen alle Versuche und
Gesinnungen, die zum Zusammenschluß der Schlechtgestellten
und Entrechteten gegen den Vater Staat führen. Durch ihre Auf-
sässigkeit reizen sie den Vater zum Zorn, der sich schließlich immer gegen die Mutter entlädt: »Du bist schuld.« Die unbewußte
Identifikation mit der Mutter zwingt also Adolf, sich immer als
Hauptangegriffenen, dem Vaterzorn und seiner Rache Ausgesetz-
ten zu fühlen. Daher bekämpft der Typus Hitler die Arbeiterorga-
nisation der Sozialdemokratie, die er später in Wien kennenlernt,
statt sich daselbst einzureihen und in ihr seine Laufbahn zu begin-
nen. Noch auffälliger, daß er auch die Christlich-Soziale Partei
vermeidet, mit der er einen wichtigen Überzeugungspunkt gemein
hat, den Haß gegen die Juden, den Antisemitismus.

Da ihm der Staat die gottgewollte Autorität ist, wird jeder Kriti-
ker des Staates ein Sohn des Teufels. Seine katholische Kleinkin-
dererziehung hat ihm Teufelsbilder mit krummer Nase, schwarzem Haar, langem Schwanz und Bockfuß vermittelt. Die aus
Galizien in die anderen Provinzen der Monarchie einreisenden
Juden zeigen die gleiche fremdartige Physiognomie und können
unter ihren langen schwarzen Kaftanen wie in ihren hohen Stiefeln
sehr wohl Teufelsschwanz und Bockfuß verbergen. (Haben diese
Tracht, wie bekannt, aus dem mittelalterlichen Franken auch im
Osten des 19. Jahrhunderts bewahrt.)

Für Adolf ist also dieser Jude Vertreter des Rebellentums, des In-
tellekts, der Kritik und der modernen Wirtschaftsmethoden. Seine
Dämonie besteht darin, daß er sowohl die Besitzenden wie die
Besitzlosen sich unterworfen hat. Im Verlauf der Pubertät und später entwickelt Adolfs Neurose paranoide Züge: die Weltverschwö-
rung des Judentums zur Unterjochung der Menschheit, besonders

der deutschen. Noch später, nach Bekanntschaft mit der (antibonapartistischen) Schmähschrift »Die Weisen von Zion«, schließt sich dieses Bild zu einer antisemitisch-reaktionären Weltanschauung, die den Arbeitslosen Adolf Hitler prädestiniert zum Werkzeug des um seine Weltstellung kämpfenden Kapitalismus. Wird schließlich seine ganze Aggression gegen den Bolschewismus richten, von dem er nichts versteht.

Vorhergegangen Übersiedlung nach München, wo er ebenfalls nicht réussiert, wo aber oppositionelle Parteien nicht so stark sind wie in Wien. Ferner der Ausbruch eines Weltkrieges, den er, Sadist, auf Knien als Befreiung begrüßt, da in der Friedenswelt, Gesittungswelt, Untauglichkeit erwiesen. Da Beziehungen zu Frauen in seinem Leben keine Rolle spielen, wahrscheinlich durch passiv homosexuelles Verhalten ersetzt werden, zur Erfüllung militärischer Dienstpflicht vorausbestimmt. Natürlich kein Soldat, zum Kämpfer untauglich, da sein Sadismus Phantasieprodukt bleibt – andere führen die Taten aus, die er sich vorträumt. Höchst geeignet jedoch zum Umgang mit Offizieren, Ergebenheit gegen Obere, anpassungsfähige Intelligenz, Übermittler von Befehlen an andere, erzogen zur Akkuratesse des Anzugs, Sauberkeit, Strammstehen. Verehrer zackigen Benehmens. Als Krieg gefährlich wird 1917, hysterische Sehstörungen (»Erblindung«, später auf Gasvergiftung geschoben, die nie stattgefunden hat). Vermag sich, dank Vertrautheit mit Bataillons- oder Regimentsstab und dessen Gebräuchen, nach dem Zusammenbruch das EK I selbst zu verleihen – nachgewiesen durch Egon Erwin Kisch, Das Neue Tagebuch 1934 –.

Daß dieser Mann zum Werkzeug des um seine Machtstellung kämpfenden deutschen Wirtschafts- und Militärstaates wird, fügt sich in die Geschichte der Klassenkämpfe der abklingenden bürgerlichen Vorherrschaft auf verhängnisvolle Weise ein. Da er sich feminin dem jeweils einflußreichsten Wettbewerber anzupassen weiß, seine Ideen und Absichten aufsaugend wie ein Schwamm, kann er durch innere Kräfte nicht gestürzt werden. Dagegen bereit, alle früheren Kameraden der Kinderhorde (SA, Fall Röhm, Juni 34) zu opfern, wenn sie aufsässig werden, sein eigenes früheres Programm festhalten wollen. Rabiat gegen seine früheren Klassengenossen, zu Zornausbrüchen wie ein asoziales Kind gezwungen, besonders wenn Judenpunkt berührt, wird er die Aufrüstung vollenden, die Industrie und Militär brauchen und von ihm fordern, um deretwillen er überhaupt an die Macht gehißt worden ist. Seine Angst vor jeder Entscheidung gleicht dem Lampenfieber des Schauspielers. Wäre überhaupt harmlos für die menschliche Gesellschaft geblieben, wenn in Oberammergau geboren, wo er alle Rollen hätte spielen können, auch sein Talent für Propaganda zu Geltung bringen. Wird auf dem betretenen Wege zum Revanchekrieg nicht innehalten können, Deutschland in die Niederlage treiben, da er ohne jedes echte Talent ist, also auch ohne militärisches, aber die Führung der gesamten deutschen Streit- und Volkskräfte an sich gebracht hat. Es besteht noch Hoffnung, daß die einsichtigen Militärkreise um General von Fritsch das Schlimmste verhüten würden, wenn sie könnten.

Seit dem Zusammenbruch der Völkerbundsfront zur Einzäunung des deutschen Aggressions- und Revanchetriebs durch das Ausscheiden des faschistischen Italien aus der »Wacht am Brenner«, besteht für Österreich keine Garantie mehr, seine Unabhängigkeit zu wahren. Die geistige Freiheit Wiens und seiner Regierung hängt aber ganz von der Kraft des Völkerbunds ab, sich der deutschen Ausdehnung (»Lebensraum«) zu widersetzen. Von einer Mäßigung des deutschen Diktators ist nach dem vorliegenden Querschnitt durch seinen psychischen Aufbau nur dann etwas zu erwarten, wenn ihm die geeinte Front der Großmächte unnachgiebig gegenübertritt – was bei der Remilitarisierung des Rheinlandes und dank seiner Ausnutzung vorhandener Spannungen und Spaltungen leider versäumt wurde. Da ein deutscher Revanchekrieg aber die Kulturgüter der Welt aufs ernsteste bedrohen würde, bleibt es immerhin möglich, daß das Schlimmste vermieden wird – trotz des »Unbehagens in der Kultur«, das freilich verhängnisvoll genug ins Spiel kommen könnte.

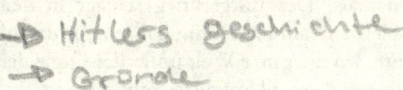

# Der Typus Hitler

*Einleitung*

Dieses Buch sucht den Nachweis zu erbringen, daß Herr Hitler kein Individuum ist, weder ein geniales noch ein verrücktes, sondern ein Typus – der Typus des gegenrevolutionären Agenten großen Stils, der bisher mit dem Namen Bonapartes verknüpft war. Da aber Napoleon III. von Herrn Hitler in allem aufs grotaeskeste in den Schatten gestellt wird, muß man in Zukunft für diesen Typ den Eigennamen und gewisse Charakteristika des Braunauers beibehalten, wie sein Gegenspieler, der Befreier der werktätigen Klassen, für unsere Epoche mit dem Namen Lenin gestempelt wurde. Der Gegenrevolution in Rußland fehlte dieser Typ, das russische Volk ließ ihn in keinerlei Gestalt aufkommen. Das ist vielleicht unser Unglück; die angelsächsischen Gönner der deutschen und europäischen Reaktion hätten ihn sonst früher erkannt, den Braten früher gerochen und schon Unheil gewittert, als sich 1931 die japanischen Samurai auf die chinesische Mandschurei stürzten. Nur so konnte die merkwürdige Situation entstehen, daß der Wiederbewaffner Deutschlands für den Soldaten der bürgerlichen Zivilisation gehalten werden konnte und daß er in den Weltkrieg und seinen eigenen Untergang hineinschlitterte, weil er überzeugt war und sein durfte, der angelsächsische Kapitalismus werde gegen ihn niemals zu Felde ziehen, da er ja seine Sprache, die antibolschewistische, vertrat und verfocht. So geschah das merkwürdige Paradoxon, daß Lenins Formel auf den Kopf gestellt wurde, mit der er 1917 die Sache der Alliierten verließ. »Der imperialistische Krieg schlägt in den Bürgerkrieg um«, hieß es damals. Der Bürgerkrieg schlägt in den imperialistischen um, hieß es schon 1931, ohne daß jemand darauf kam, und heißt es heute, wo die ganze Welt unter der Orgie der Zerstörung erzittert, die mit diesem Umschlag verbunden ist.

Daß seit dem Anfang dieses Jahrhunderts eine Umschichtung der Gesellschaft unaufhaltsam unterwegs ist und daß alle großen politischen Ereignisse nur unter dieser Perspektive verstanden werden können, liegt auf der Hand. Schon der Russisch-Japanische Krieg enthüllte Sprünge im Gefüge des japanischen Reiches; der schwedische Journalist Karl Larsen wies damals tadelnd auf die Tatsache hin, daß die Regimenter aus Osaka, dem japanischen Industriezentrum, es an Todesfreude und Heldenmut fehlen ließen; und seither wurde dieser Umschwung mit jedem Jahrfünft manifester. Als die Samurai-Partei Japan in das Abenteuer Mandschukuo hineinhetzte, wäre schon damals die Möglichkeit gewesen, das unvermeidliche Auflockern und Erneuern der feudalkapitalistischen Gesellschaft zu fördern statt zu hemmen, den Japanern diesen Ausweg aus den Schwierigkeiten ihrer falschen und altmodischen Gesellschaftskonzeption zu verlegen und dadurch das Unmaß von Zerstörungen, von Unglück und von seelischem Rücksturz auf ein erträgliches Maß zurückzuführen, dessen Zeuge und Opfer wir Zeitgenossen zweier großer Kriege geworden sind. Statt dessen hoffte man das Hühnchen schlachten zu können, ohne daß es blute, die aufquellenden Massen der Erdbevölkerung im Bann zu halten, ohne neue Weltkriege zu entfesseln. Zu diesem Ende ignorierte der Völkerbund die Gründung von Mandschukuo, wie man schon vorher das Aufkommen des kleinen Cäsar Mussolini in seiner Gefährlichkeit unterschätzt hatte. Man ließ ihn vielmehr sein römisches Imperium gründen, das abessinische Reich überfallen und sich in den spanischen Bürgerkrieg einmischen, der ja eigentlich gleichzeitig mit Mandschukuo begonnen hatte, nämlich mit dem Abtreten der spanischen Monarchie infolge simpler Gemeinderatswahlen, im Frühling 1931.

Keines dieser Ereignisse aber brachte eine so markante Figur hervor, daß sie mit dem grotesken deutschen Diktator hätte verglichen werden können; und sein eigentliches Vorbild hatte eine allzu unpolitische Außenseite, als daß man es mit ihm und seinen kleineren Vorläufern oder Nachahmern zusammengebracht hätte: mit dem Beeinflusser des letzten Zaren, dem Wundertäter Rasputin. Man wird diese Parallele vielleicht überraschend finden; das Paradoxon liegt aber lediglich in dem geistigen und Bildungsunterschied zwischen dem russischen Kleinbürgertum des vorigen Weltkriegs und dem deutschen der Epoche diesseits des Friedens von Versailles. Außerdem aber fanden sich in der russischen Herrenschicht von damals Männer, denen die Gefährdung ihrer Sache durch den Typ Rasputin deutlich wurde, während die deutsche Herrenschicht in ihrem Haß gegen die moderne Kultur und in ihrer Unfähigkeit, sie zu verstehen, bedenkenlos genug war, sich einen modern angestrichenen Rasputin nicht nur gefallenzulassen, sondern ihn zur Rettung ihrer Standesinteressen erst einmal herzustellen.

Wir genießen jetzt das sonderbare Schauspiel, zusehen zu müssen, wie sich die Vertreter der westlichen Gesittung Mühe geben, Formeln zu finden, die ihnen gestatten, die Fehler zu vermeiden, die nach dem vorigen Weltkrieg begangen wurden, ohne an das wesentliche Problem rühren zu müssen, das ihn hervorgebracht hat: die Verquickung der Lebensbedürfnisse unserer massenhaft ins Licht drängenden Erdbevölkerung mit den Resten des feudalen Staatsbegriffs und seiner Vorrechte. Diese letzteren sind es, mit ihren Wurzeln in den dunklen Tiefen der Gruppenaffekte, welche das Problem eines besseren Lebens für alle unlösbar erscheinen lassen. Dabei ist durch die großartige Organisation der terrestrischen Verkehrswege und die praktisch unbeschränkte Produktionskraft der modernen Maschine dieses Problem in den letzten Dezennien lösbarer geworden, als es je denkbar schien. Alle Rohstoffe der Erde stehen zu unserer Verfügung. Das Tauschmittel Geld ist praktisch von seiner Bindung an den Rohstoff Gold längst gelöst. Die Erkenntnis, daß der Bedarf an Zahlungsmitteln lediglich von der Fähigkeit abhängt, erzeugte Güter den Massen der Verbraucher zugänglich zu machen, hat sich in den letzten Jahrzehnten immer deutlicher durchgesetzt. Weder brauchte mehr Weizen verheizt, noch Kaffee ins Meer geworfen, noch irgendwo eine Epidemie aus Mangel an Heilmitteln geduldet zu werden; nach diesem Kriege werden Flotten von Schiffen und Flugzeugen zur Verfügung stehen, um alles überall hinbringen zu können und als Gegenwert alles von überallher zu holen.

Es bedurfte nur einer geistigen Erweiterung, die den Globus Erde als eine Einheit erkennt und durch politische Organisation ausdrückt, um, wie es die Sowjet-Union auf einem Sechstel der Erdoberfläche im Begriff war auszuprobieren, alle schöpferisch begabten Individuen in die Befriedigung und Befriedung der menschlichen Bedürfnisse einzuschalten. Da der vorige Weltkrieg die beteiligten Staaten etwa hundertneunzig Milliarden Dollar gekostet hat, hätte man schon damals diesen Betrag aufwenden können, um die 1,9 Milliarden Menschen der Erde um 100 Dollar pro Kopf gesünder, unterrichteter und bequemer leben zu machen, ohne ihre Zahl um die fast neunzehn Millionen Menschenleben zu verringern und die Gesittung durch die ungeheure Orgie des Zerstörungstriebs abzuwetzen. Statt dessen gestattete man dem Typus Hitler, diese Orgie zu verfünffachen, denn darauf wird unser Weltkrieg, der zweite dieses Namens, schließlich hinauslaufen.

Es ist die Absicht dieses Buches, auf die ohnmächtige und bescheidene Art, die einem gebrannten Kind und Bürger des ersten Hitleropfers, der verratenen und geschlagenen Weimarer Republik, allein möglich ist, einen Ausweg anzudeuten aus diesem bestürzenden und sonderbaren Kreislauf – einen Ausweg, gangbar und wirklichkeitsfähig, soweit Geist ohne Macht imstande ist, die Bewegung der Menschen zu beeinflussen. Als der Verfasser in seinem Buche »Caliban oder Politik und Leidenschaft« auf die Affektgrundlage des menschlichen Zusammenlebens hinwies, durfte er in jugendlichem Optimismus noch der Meinung sein, der Geist allein genüge, um den Menschen begreiflich zu machen, was ihnen nottue. Nach zwanzig Jahren wachen Lebens erkennt man seine Irrtümer und schränkt seine Hoffnungen ein, ohne sie darum aufzugeben.

Wenn der Mensch unter der Last seiner Gesittung seufzt, könnte er dennoch erkennen, daß es ohne sie nur schwerer wäre zu leben und daß die Lust der Zerstörung keineswegs, wie noch Bakunin dachte, eine schaffende Lust ist. Die einzig schaffende Lust auf Erden ist Erkennen und eben Schaffen. Daß die Mittel dazu durch die Erfindungen des neunzehnten Jahrhunderts vorhanden sind, müßte dem zwanzigsten allmählich klarwerden. Und die Unbequemlichkeit, in die Gründe unserer Schwierigkeiten hineinzuleuchten, die Marx und Freud aufgedeckt haben, sollte überwunden werden, angesichts des Übermaßes von Leiden, das uns diese Ursachen auferlegen.

Vielleicht ermannt sich der Menschheit nach diesem Kriege; vielleicht ist uns wieder einmal eine plastische Stunde beschert, in welcher man wagt, das Leben aller zu verbessern, ohne wesentlichen Raub an wirklichen Werten. Wir heißen euch hoffen, sang der alte Goethe am Ende seines Lebens.


## 1. Kapitel   *Wie Kipling ihm begegnete*

Es wird keinen Freund der Literatur wundern, daß in Rudyard Kiplings Werk sich auch eine Begegnung mit dem Typus Hitler findet. Ist doch dieses Werk an Begegnungen mit sonderbaren Wesen so reich wie die Schöpfung selbst und mußte sich doch vor Kiplings Dichteraugen jedes Stück Dasein so entkleiden, daß sein wesentlicher Gehalt unverkennbar zum Vorschein kam. In einem seiner früheren Novellenbände, »The Phantom Rickshaw«, steht diese Geschichte. Sie heißt charakteristischerweise »The Man who would be King« und beginnt mit der Beschreibung, wie eines Nachts, lange vor der Jahrhundertwende, ein Mann in die Redaktion des »Pioneer« eintritt, einer indischen Zeitung, in deren Setzereiraum der Erzähler der Geschichte sitzt und Korrektur liest. Die heiße Nachtstunde, das grelle, ungeschirmte Licht der Leselampe, der kahle Raum der Druckerei sind geeignete Kulissen für den Auftritt dieses Mannes, der kein Maharadscha ist, kein Minister, kein Bankier oder Diplomat, sondern ein Landstreicher, einer jener besitzlosen, von der Gesellschaft nicht aufsaugbaren Europäer, die im Fernen Osten zwischen den Klassen und Kasten umhergetrieben werden.

Hier zeigt sich gleich die erste Parallele zu dem Fall des deutschen Reichskanzlers und Führers von heute, der auch, vor dem ersten Weltkrieg, außerstande war, sich in der friedlichen Gesellschaft des Deutschen Reiches oder Österreichs einen Platz zu erkämpfen; er mußte im Asyl für Obdachlose jahrelang unterschlüpfen. Ob ihn freilich damals schon der Wille zur Macht so beseelte wie in unseren unglücklichen Tagen, wissen wir nicht. Mit nichts spart Herr Hitler so wie mit Bekenntnissen aus seiner Frühzeit. Unverkennbar dagegen flammt er in den Augen von Kiplings nächtlichem Besucher, der von dem Redakteur die Gunst erbittet, Landkarten einsehen zu dürfen. Er und ein Begleiter, den er mitbringt, sind unterwegs nach Kafiristan, einem Land im Himalayagebiet. Dort will er König werden, und er zweifelt nicht daran, daß es ihm gelingen muß. Die Tollheit dieses Unternehmens, das er sich zutraut, und das Zweigespann der Physiognomien fesseln den Redakteur, der ja gewöhnt ist, jede Art von Existenzen auf den Landstraßen Indiens daheim zu finden. Er leiht ihnen seine Karten, hilft dem kleineren der beiden, sich das Wichtigste daraus aufzuzeichnen: den Weg nach Kafiristan; und dann vergißt er sie, kaum daß sich Tür und Nacht hinter den beiden geschlossen haben, über seinen Leitartikeln und Druckfehlern.

Nicht so freilich der Leser, der unter Kiplings Meisterschaft steht. Er wundert sich nicht, daß nach Monaten der kleinere von beiden, zerlumpt und geistig verwirrt, wieder in der Redaktion des »Pioneer« auftaucht, um zu berichten, was man am besten bei Kipling selbst nachliest. Ja, der andere, sein Held, ist König geworden in Kafiristan. Dort gibt es Stämme von blonden Leuten, kriegstüchtige bewaffnete Männer, und der andere, der Rotbärtige, hat sie militärisch gedrillt, schlagkräftig gemacht und angeleitet, ihre Nachbarn anzugreifen und zu besiegen. Es wundert niemanden, daß sie ihn daraufhin zu ihrem König machten und ihn, den Berichterstatter, den Kleinen, Demütigen, seinen Goebbels, zum Minister und Propagandachef, der den Leuten von Kafiristan verkündete, wie groß ihr neuer König sei und wie glücklich sie selbst, daß er sie auserwählt habe. Eine Zeitlang ging es herrlich, und sie lebten wie Gott in Frankreich, der Führer und sein Minister. Aber dann kam der Umschwung, und der drückte sich so aus, daß die Leute von Kafiristan ihren König von einer Brücke in den Abgrund warfen, dreitausend Fuß hinunter, einen guten Sturz nach einer guten Höhe, wo er zerplatzte wie eine Schildkröte, die ein Adler auf einen Felsen fallen läßt. Ihn, den Propagandaminister, kreuzigten sie bloß und ließen ihn dann laufen, damit er in der Welt erzählen könne, was sich zwischen den Bergen zugetragen hatte und wie sein Freund und Herr aufgestiegen sei und gefallen – im wahren Sinn des Wortes.

Eine bemerkenswerte Geschichte, das wird man mir zugeben und sich nicht wundern, daß ich sie im Gedächtnis behielt, weit über zwölf Jahre. Als ich sie las, war noch keine Rede davon, daß sie einmal die grausige Wahrheit von heute werde annehmen können. Nur in Kiplings Indien, im Reiche seiner Phantasie, schien eine derartige Laufbahn möglich zur Verwirklichung. Jedoch, wie Hamlet sagt: »Ehedem war es paradox, aber nun bestätigt es die Zeit.« Und das ist eine Ehre für Kiplings Phantasie und eine Schande für unsere Welt von 1930 bis 1940, in der ein Mann mit den gleichen Rezepten wie Kiplings Landstreicher nicht Kafiristan, sondern das Deutsche Reich, Österreich, die Tschechoslowakei und schließlich fast ganz Europa unterjochen und unter seine Füße bringen konnte. Marschieren, drillen, bewaffnen, zum Raub aufstacheln, das sind seine Zaubermittel; seine Nachbarn überfallen, ihr Eigentum wegtragen, ihre Freiheiten vernichten, das sind seine Zwecke. Dabei kommt ihm zu Hilfe, daß er selber ein völlig kulturloser Barbar und obendrein stolz darauf ist; ein Wesen, dem in seiner Unschuld und Ahnungslosigkeit jeder Sinn für die Dinge fehlt, die er zerstört. Freiheit? Überzeugung? Gewissen? Er weiß nicht, was das ist, kann sich nicht einmal vorstellen, daß solche Worte etwas bedeuten, wofür es Menschen lohnt, ihr Leben einzusetzen. Er steht diesen geistigen Werten als echter Barbar gegenüber, unschuldig, ahnungslos, reif zur Vernichtung.

Wenn ein Mensch nicht weiß, was eine Geige ist, und nie gesehen oder gehört hat, was andere damit machen, kann er recht wohl auf den Gedanken kommen, sie mit Wasser zu füllen und Blumen in ihre F-Löcher zu stecken. Dann handelt er als Kind, Verrückter oder als Barbar; alles hängt davon ab, ob man ihn unterrichten und erziehen kann. Hält er sich aber für den Gipfel des Wissens, für den Erleuchteten, den wiedergeborenen Buddha selbst, und befiehlt er gar über schwerbewaffnete Millionen, denen er gesetzlich vorschreibt, alle Geigen mit Wasser zu füllen und Blumen in die F-Löcher zu stecken, seien sie nun von Amati oder Stradivari, so bleibt nichts weiter übrig als das Irrenhaus oder in dem Fall, in dem wir uns befinden, Kampf bis aufs Messer.


## 2. Kapitel   Hitler, der Wilde

Jeder gebildete Europäer, der Adolf Hitler einmal reden hörte, wußte, daß er es mit einem völlig ungebildeten, überaus gewöhnlichen, durchaus nicht intelligenten Burschen zu tun hatte. Nur war dieser Mann imstande, eine entfesselte Urkraft hinter die Sache zu stellen, der er sich ergab. Freilich mußte man etwas Deutsch können, um die Gewöhnlichkeit dieser Sprache zu erfassen, dieses Tonfalls, dieser barbarischen Intonierung, dieser Laute aus einer Bierkehle, wie man sie im Alpenvorland von Droschkenkutschern und Gepäckträgern gewohnt war. Die Welt seiner Vorstellungen und Denkkräfte hat er im Buche »Mein Kampf« dem Urteil preisgegeben, das genug Muße hatte und Anlaß dazu, sich mit dieser Schrift zu beschäftigen. In ihr wie in allen anderen Emanationen des Herrn Hitler breitet sich selbstgefällig der vergröberte Gedankenwust alldeutscher Broschüren und Bücher aus, von Houston Stewart Chamberlain bis zu den Weisen von Zion; das Weltbild des Verarbeiters dieser schon im verwässertesten Zustand aufgenommenen Wunschphantasie stammt von Volksschriftstellern wie Karl May.

Was diesen Typus Hitler nun charakterisiert, ist der Habitus des verwahrlosten Kindes, das aber, im Gegensatz zu Herrn Goebbels, dieser Verwahrlosung bereits in den frühesten Jugendjahren verfiel. Alles spricht dafür, daß schon das Kleinkind Adolf Hitler unter bedrückenden und entstellenden Bedingungen aufwuchs, noch dazu in dem rauhen und zurückgebliebenen Milieu eines oberösterreichischen Provinzstädtchens von weniger als 5000 Einwohnern. Als Sohn eines kleinen Unterbeamten geboren, der von seiner Frau Ordnung im Hause verlangt, wird er schon in frühesten Jahren die Härte und Züchtigungsbereitschaft der mütterlichen Hand kennenlernen und späterhin eine Rachsucht zeitigen, die mancher Frau das Leben kosten soll. Mehrfach hat er Frauenmörder begnadigt, zum Tode verurteilte Frauen aber hinrichten lassen.

Da das geweckte Kind merkt, daß sein Vater vor allen Vorgesetzten Angst hat, und da die Wirklichkeit, der Alltag, ihm so verschreckend entgegenkommt, erdichtet er sich Traumwelten und Vorfahren; groß und strahlend und allen überlegen, die sich gegen ihn, Adolf, feindselig bezeigen; wir wissen das aus einer winzigen Stelle am Anfang von »Mein Kampf«, in der der »böhmische Gefreite« von seinem »Herrn Vater« spricht, so wie er sich etwa vorstellt, daß Ludwig II. von Bayern von dem seinen gesprochen habe. Eine solche unbeachtete Gebärde ist verräterisch, das wissen die Psychologen.

Daß ein so aus der Wirklichkeit verschrecktes Kind sich in Phantasie rettet und sich um so größer träumt, je empfindlicher es vor der Rauheit des Alltags versagt, wundert niemand. Daß es aus gewissen kindlichen Gewohnheiten niemals heraustreten kann, um eine normale geschlechtliche und männliche Reifung zu erleben, gehört ebenso in das Bild dieser Entwicklungsstörung wie seine Verklammerung mit Grausamkeit, Zerstörungstrieb und jener Verherrlichung des Kotes, die die Farben braun und schwarz (Braunau!) zu denen der Bewegung machte, kraft ihrer Uniformen und Hausanstriche alle Deutschen gleichsam zu Braunauern stempelnd. Das Bedürfnis, sich auszustellen, der Zwang, Reden zu halten, die Unfähigkeit zu jeder Art von Lernen, Arbeit und Gespräch und schließlich der Welterlösungswahn (und es soll am deutschen Wesen einmal noch die Welt genesen) gehören häufig genug zu diesem Typus. Ebenso der Geschmack an greulichen »Kunstwerken« – weiblichen Akten, welche so gemalt sein müssen, daß sie wirkliche, nackte Frauen vortäuschen. Und schließlich die hysterischen Wutanfälle, in denen sich der Führer der Deutschen zur Erde wirft, in den Teppich beißt, mit den Beinen um sich schlägt und so Anlaß zu der Formel gibt, mit der man sich in der Wilhelmstraße über Auftritte wie diese verständigt: »Der Führer frißt wieder Teppich.«

Dies alles zusammen ergibt nichts als das Bild eines völlig verwahrlosten Kindes mitteloser Volksklassen. Kein Zweifel, hätte es vor 50 Jahren in Braunau Auswirkungen von Anna Freud und August Aichhorn gegeben, die sich zu unseren Zeiten in Wien angelegen sein ließen, Kleinstkinder zu betreuen und ihre künftigen Störungen an der Quelle zu korrigieren, der Welt wäre unendlicher Gram, Blutverlust, Glückseinbuße und Wertezerstörung erspart worden, und das ist der soziologische Sinn, den das Studium des Typus Hitler einmal ergeben wird, ausdrücklich in Millionen Menschenleben, in Milliarden Dollar. Glücklich der Staat, der begriffen hat, daß zur Erziehung der Kleinstkinder aus defekten Elternhäusern geborene Pädagogen berufen sind, Jünger Freuds und Pestalozzis, und nicht Polizeidiener und altjüngferliche Tanten!

Das nun, wird man einwenden, erklärt noch nicht den Erfolg des Herrn Hitler; etwas Genie müsse doch einer solchen Laufbahn zugrunde liegen. Nun, man lasse sich versichern, daß dieses sogenannte »Genie« nichts ist als die durch keinerlei Erziehung und Selbsterziehung in Bahnen gelenkte und gebundene Naturkraft und Instinktsicherheit jedes Wilden. Von jedem Kinde wird eine außerordentliche Kraftanstrengung verlangt, damit es sich in die Gesellschaft einzugliedern lerne. Das asoziale Kind verbraucht diese Kraft für sich selbst und verpufft sie in Wutausbrüchen, Phantasien und persönlichem Charme. Kundige nennen den Zauber, den solche Menschen auszustrahlen vermögen, den Glanz der Hysterie. Seit Anbeginn haben Menschen für kurze und sogar für lange Zeit auf diese Art die bannendsten Wirkungen entfesseln können, wenn sich interessierte Gruppen ihrer Bannkraft zu bedienen wußten. Solchen Menschen gegenüber ist der Normale so lange schwach, als er den Sachverständigen, nötigenfalls den Psychiater, nicht zu Hilfe holt. Männer, die ihr Leben in bürgerlich geordneten Bahnen verbrachten, wie Daladier oder Chamberlain, und die niemals persönliche Fühlung mit Geisteskranken hatten oder suchten, mußten außerstande sein, sich den Auswirkungen des Typus Hitler rechtzeitig zu entziehen oder zu widersetzen, von deutschen Politikern zu schweigen, denen die nationale Phrase und Stoßkraft dieses Besessenen unbewußt oder bewußt ungeheuer imponierte.

In die Tiefenschichten des Menschen sind Raubtierkräfte gebannt, das wissen die Wärter der Irrenanstalten, die mit der Zwangsjacke umgehen. Vermögen diese Kräfte sich einer Manie zu bedienen und Massenbewegungen zu beeinflussen, die aus einer sozialen Unordnung und Umordnung hervorgehen und für sie bereitliegen, so entstehen die Wirkungen des Typs Hitler, ohne daß das Genie und ein Wunder dazu nötig sind. Solch ein Mensch lernt auf die Dauer sogar allerhand Kniffe zur Behandlung anderer Menschen: sie einschüchtern, anherrschen, kommandieren, Gefolgschaft erzwingen und sie täglich zu Tausenden sterben zu lassen, kurz, sich zu benehmen wie ein geborener Herrscher. Nur daß alles Schaum ist, was er schafft, Berge von Schaum, die nur denjenigen dauerhaft scheinen, die unter seiner Suggestion stehen, zuallererst ihm selbst.

## 3. Kapitel   Das Werkzeug

Nun wird dem Leser von Kiplings Novelle aufgefallen sein, daß sich diese Geschichte in der Unordnungsschicht einer höchst und fest geordneten Welt abspielt. Die Kasten und Klassen der imperialistischen Gesellschaft sind so gut oder schlecht geordnet wie die der indischen, und ein Mann, der König werden will, muß selbstverständlich aus ihr hinausfallen, wenn auch nicht immer 3000 Fuß tief. In der Sprache früherer Bildungswelten hätte man ihn einen Besessenen genannt und dadurch ausgedrückt, daß sich Dämonen, böse Geister seiner bemächtigt hätten, um Gottes Geschöpf zu einem Spielball ihrer Launen und Lüste zu erniedrigen. Wie nun aber, wenn diese festgefügte Gesellschaft ihrerseits ins Rutschen zu kommen fürchtet und wenn die glücklich Besitzenden, die Könige, Adligen und Herren, bereits an wichtigen Stellen ihrerseits aus der Macht geworfen worden sind? Wenn erfolgreiche Führer der Erniedrigten und Beleidigten mit den Vertretern derjenigen kurzen

Prozeß gemacht haben, welche die süße Gewohnheit des Herrschens auch zur süßen Gewohnheit der Bereicherung für ihre Günstlinge und Aristokratie mißbrauchten? Wenn dieses böse Beispiel die Furcht und den Schrecken der noch glücklich Besitzenden nicht zur Ruhe kommen läßt und ihr schlechtes Gewissen sie in das Geschrei ausbrechen macht, die beste Parade sei der Hieb?

Bildlos gesprochen: um den Arbeitern und Werktätigen des eigenen Volkes alle Lust zu nehmen, es ihrerseits mit ihren Ausbeutern so zu machen wie die Bolschewiken, müßte man dieses Volk vorbeugend in die Kandare nehmen, alle diejenigen aus ihm entfernen, die es im sozialen Kampfe anführen könnten, ihm aber dafür einen Führer geben, der es auf dem rechten Wege hält, ja nicht nur das, es in einer gottgewollten, herrengewollten Richtung vorwärtstreibt und -peitscht. Supponieren wir eine solche Herrenschicht in einer Lage dieser Art und bringen wir sie mit dem Manne zusammen, der König sein wollte: wird dann nicht ein Kurzschluß der Begeisterung entstehen? Werden sich nicht die Klasse und der Deklassierte erschüttert in die Arme sinken und einander Heil wünschen? Unleugbar war dies die Situation wahrscheinlich seit der Französischen Revolution, bestimmt seit der russischen. Man muß Sinn haben für die Komik, die darin liegt, daß es Leute gab, Söhne der Nichtbesitzenden, welche diesen Sachverhalt der russischen Revolution den Bolschewiken bitter vorwarfen, weil offenbar sie es waren, die die Herrenklasse den Gebrauch von Pulver und Blei, Knute und Dolch zur Aufrechterhaltung ihrer Herrscher gelehrt haben. Daß ihre verschiedenen Bonapartes, Metternichs und Bismarcks auch ohne solches Vorbild im Ausrotten von Menschen Meister gewesen, konnte offenbar nur wundermäßig zustande kommen durch unmittelbare Einmischung der göttlichen Gnade selbst – denn die Arbeiter hatten ihnen ja noch nicht vorgemacht, daß beim politischen Aufstieg alles auf die Macht ankomme und daß die Mittel zur Eroberung, ohne das Blut der Mitmenschen zu vergießen, vom sehr lieben Gott noch nicht erfunden waren.

Nein, um zum Ernst und zur Sache zurückzukommen, die herrschende Klasse der Europäer bedurfte keiner Unterweisung, wie man sich die Verfügung über die Massen sichere; um so mehr bedurften die Massen der Unterweisung, wie sie sich der Bevormundung durch die Herrschenden entziehen, die Verfügung über sich selbst erreichen, ihr Leben glücklicher gestalten und die Schätze der

Erde, die kein König und kein Aristokrat hergestellt und also monopolisiert habe, zum allgemeinen Besten durch die Arbeit aller für den Verbrauch aller gestalten könnten. Lag für die Herrschenden eine solche Gefahr in der Luft, so fanden sie von jeher ein Werkzeug, sich vor ihr zu schützen. In früheren Zeiten lieferte sich die Aristokratie solche Werkzeuge selbst oder erwarb sie vom intellektuellen Bürgertum, das vergessen hatte, wie es sich seit dem Auftreten von Johann Hus den Raum zum Denken, Leben und Lehren gegen die damals herrschenden Mächte mit dem Einsatz der eigenen Existenz hatte erkämpfen müssen. Darum war der Fall des Adolphe Thiers so beschämend und belehrend, als er, Thiers, sich mit dem Landesfeind und Junker Bismarck über die Niederwerfung der proletarischen Revolution von 1871 so schnell verständigte und beide den General Gallifet gegen die Kommunisten losließen. Da jede Zeit gegen ihre Vorgängerinnen Fortschritte aufweist, finden unsere Gegenrevolutionen unter der Führung von Söhnen derjenigen Klasse statt, und zwar zur Vorbeugung, die im Grunde genommen vom Bündnis mit dem Proletariat alles zu erwarten hätte: dem Kleinbürgertum.

Kiplings Deklassierter wird nicht mehr nötig haben, sich ein Kafiristan zu suchen: sein Himmelreich liegt rund um ihn, das Land, welches auf ihn wartet, ist Mitteleuropa, Italien und Frankreich; der Weg hinauf zum Thron wird ihm Stufe für Stufe gewiesen und bereitet. Erst ist es nur die Reichswehr, die ihm die Mittel gibt, herumzureisen, Reden zu halten, die Langmut und Geduld der herrschenden Sozialdemokraten auszuloten und zu erproben; sie auch verhilft ihm für siebzigtausend Mark zu seiner ersten Zeitung, einem »Völkischen Beobachter«, und verschmilzt ihn mit den versoffenen Intellektuellen, die das Blatt bisher am Bankrott entlang steuerten. Dann erkennen die Brauchbarkeit dieses Werkzeugs kleinere Industrielle aus Sachsen, größere (Bechstein) aus Berlin, Kunstgeschäfte aus München, und im Verlauf der nächsten Jahre ist kein Halten mehr von lauter Gönnern, die sich gegen ein geringes Risiko in Bargeld an der Verwirklichung des Machttraumes eines so Besessenen beteiligen. Erst später findet sich die Schwerindustrie herzu (das Rüstungsgeschäft), die Bankwelt (das Auslandsgeschäft), der Alldeutsche Verband und die Reichsmarine (das Kolonialgeschäft).

Selbstverständlich haben diese Gönner des Besessenen keinerlei ausländische Freunde; es gibt keinen internationalen Kapitalismus, sie treffen sich nicht in Banksitzungen und Besprechungen mit Männern ähnlicher Denkart aus anderen Staaten, deren soziale Struktur derjenigen des deutschen oder italienischen Volkes ähnlich ist oder gleicht. Die verschiedenartigen Nationalismen sorgen ja dafür, daß solche Experimente innerhalb der Landesgrenzen des betroffenen Kafiristan bleiben. Auch fällt die Macht der Propagandamittel nicht ins Gewicht, die als Film, Radio, Photographie und Bilderzeitschrift vom Weltverkehr rund um die Erde getragen werden. Nein, diese Angelegenheiten sind streng national – so daß man, entartet das Feuerchen in Kafiristan zum Weltbrand und erweist sich der Besessene als Weltgefahr für alle Werte der Gesittung, das Volk von Kafiristan zu dem Alleinschuldigen stempeln kann, da es ja den Besessenen zur Macht kommen ließ. Jedenfalls bleibt dies die Ausflucht aller Parteigänger des eigenen Nationalismus, wenn sich der zuerst begünstigte Faschismus als das erwiesen hat, was wir, die gebrannten Kinder nach dem ersten Weltkriege, bereits sahen, erzählten und drucken ließen.

Und so tun wir heute unsere Pflicht, indem wir, Intellektuelle aller Länder, die Dinge beschreiben und deuten, wie sie nun einmal liegen und wie nicht wir sie gestaltet haben, sondern diejenigen, die dem Mann, der König werden wollte, in den Sattel halfen. Reitet er, alles Unschuldige rundum zerstampfend, Völker, Frauen, Kinder und Städte, so möge die Welt wenigstens wissen, daß nicht das Reitpferd schuldig ist, welches er als erstes unterjochen durfte, das eigene Volk.

## 4. Kapitel   Hitler – Rasputin

Halt – wird man uns nun zurufen. Zugegeben, daß ein starkes Klasseninteresse vorlag, diesen Mann in den Besitz der Macht zu bringen, und zugegeben auch, daß er sich als das Gegenteil eines Genies erwies, nämlich als Führer in den Untergang, dann wäre aber doch noch zu beschreiben, warum es ihm gelang, eines der aufgeklärtesten Völker der Welt erst zehn Jahre durch seinen Aufstieg zu beunruhigen und dann noch zehn Jahre in der gewünschten Richtung fortzuschleppen; wenn er kein Genie ist, was ist er dann? Ein Schamane, antworten wir, ein Zauberpriester, der Rasputin der deutschen Gegenrevolution.

94

Am Hofe des Zaren spielte, wie man weiß, eine Zeitlang der Pope Rasputin die Rolle eines bösen Einflüsterers. Das Zarenpaar war ihm verfallen, und auf die Umgebung, die Höflinge und ihre Damen, wirkte er durch das Medium der beiden höchsten Personen. Aberglauben, Engstirnigkeit und Willenskraft gaben ihm Macht und strahlten von ihm aus; er war ein Stückchen russischen Mittelalters, mitten im Glanz der Moderne von 1914. Vergessen wir aber nicht, daß die Intelligenz von St. Petersburg und Moskau zu den bestgeschulten Kreisen der europäischen Gesellschaft gehörte. Um Mussorgski und Dostojewski zu verstehen, Solowjew und Tschaikowski, Gogol, Tolstoi und Mereschkowski, mußte man die gesamte Bildung des 19. Jahrhunderts in sich aufgenommen und soweit verarbeitet haben, wie es einer hoffähigen Klasse von Grundbesitzern und Intellektuellen dienlich war. Alle europäischen vorwegnehmenden Köpfe waren von diesen Kreisen verstanden und gefördert worden; weder Berlioz noch Nietzsche, in ihren eigenen Völkern völlig isoliert, blieben dort ohne Resonanz. Unmöglich also konnte die Herrschaft eines Rasputin dort lange vorhalten. Es fanden sich ja auch sehr schnell entschlossene Köpfe und Hände, diesen Verderber Rußlands zu beseitigen.

Vergleichen wir damit den zwanzigjährigen Aufstieg Adolf Hitlers, so müssen wir sagen, daß seine Zauberformeln und Methoden den Rasputinschen sich auf unwahrscheinliche Art überlegen zeigten – warum? weil das russische Mittelalter den Vergleich mit dem 19. Jahrhundert nicht aushält. Hitler verkörpert und verwirklicht in ebenso unwahrscheinlichem Grade den seelischen Mechanismus des zeitgenössischen Kleinbürgers in einer Gesellschaft, die auf Aufgeklärtheit und moderne Naturwissenschaft ebenso stolz ist wie auf ihre Fähigkeit, sich als Teilchen in den modernen Gesellschafts-Automaten einzuordnen.

Der Glanz, der von Herrn Hitler ausgeht, heißt in der heutigen Psychologensprache der Glanz der Hysterie; er ist es, der die verschiedenartigsten Filmhelden und -heldinnen zu kurzlebigen Idealbildern ihrer Gegenwart erhob. Wer spricht heute noch von Max Linder, Fern Andra, Henny Porten? Und dennoch wußte um 1910 jeder Mensch, wer das war, und lächelte, wenn ihre Namen fielen, begeistert oder spöttisch, aber wissend und verständnisvoll.

Daß hinter dem Aufbau des modernen naturwissenschaftlichen Weltbildes, wie es von Newton und Darwin inauguriert wurde, eine ungeheuere, überaus großartige, einzig in die Zukunft führende geistige Arbeitsleistung steckt – wir sind die letzten, dies zu verkennen. Da aber in den Massen der Kleinbürger aller Reiche die maßgebende Grundbildung immer noch von den biblischen Büchern ausging, mußte das völlig andersgeartete naturwissenschaftliche Weltbild bei ihnen eine Hohlform werden, eine oberflächliche Kruste, die zwar imstande war, die intensive Formungsarbeit der christlichen Religionen und der christlichen Lebensführung außer Kraft zu setzen, selber aber noch viel zu wurzellos und frisch aufgetragen, um der christlichen Bildung gleichwertig zu werden. Was die Zeit des jungen Nietzsche als Bildungsphilister charakterisierte, nahm in diesem Kleinbürgertum die Gestalt eines Massenwahns an, als der aggressive Nationalismus, der Auserwähltheitswahn der Alldeutschen in diesem Adolf Hitler arbeits- und beschäftigungslos herumlief und darauf wartete, verwendet zu werden. In kleinem Maße war er bereits als Dr. Karl Peters aufgetreten, als der Hänge-Peters der deutschen Kolonialgeschichte. Da der sich aber auf afrikanischem Boden und an wehrlosen Negern austobte, vermochte ihn das katholische Zentrum zu stürzen, ohne freilich auf die Eroberung zu verzichten, die er in Deutsch-Ostafrika gemacht hatte.

Niemand hätte für möglich gehalten, daß sich dieser Typus, ungeheuer vergröbert, verängstlicht und untergebildet, noch einmal riesenhaft aufrecken und gegen europäische Völker und Stämme würde erheben können – in den Sattel gesetzt zunächst durch jene Judenfeindschaft, die seine aufreizenden Reden und Taten dem Weltbild der Gegenwart unverdächtig machten. Hätte er in dem gleichen Maße wie gegen die Juden gegen irgendeine andere Gruppe der Weltbevölkerung gehetzt, gegen die Frauen, die Fleischesser oder die Gesundbeter, so hätte man seine Besessenheit zunächst ausgelacht, dann wahrscheinlich medizinisch untersucht, niemals aber in politische Kanäle strömen lassen. Mit seiner Wendung gegen die Juden verschaffte er sich eine Schießscheibe, mittels welcher er den Gebrauch der Waffen einüben konnte, die er später gegen die ganze Welt richten würde – ohne Verdacht auf sich zu lenken. Alle Fetische aber, die den modernen Kleinbürger begeisterten, begeisterten auch ihn: er war der typische Stehkragenproletarier, der die Kirche haßte, die moderne Technik anbetete, von den Resultaten der Wissenschaft den äußersten Schaum aufsog, sich mit Begeisterung in den Dienst des herrschenden Bürgertums setzte und mit der gleichen Leidenschaft alle diejenigen anreden konnte, die sich in den Dienst erprobter alter Mächte stellten, um von ihnen eine Besserung der Lebensaussichten zu erreichen als Sold für ein Bündnis gegen die arbeitenden Klassen, das Proletariat. Da die herrschenden Klassen in der Weimarer Republik die wahre politische Macht in der Hand behielten, nämlich die Herrschaft über das Heer, das Kapital und die Bildungsanstalten, konnte dieser Stehkragenredner sich und seine Anhänger gleichzeitig in den Geruch des Mutes und der Tapferkeit bringen, da sie ja der sozusagen herrschenden Demokratie Trotz zu bieten wagten.

Dies alles aber vereinigte sich bei Adolf Hitler mit dem Glanze der Hysterie, sobald er redete. Das Riesenmaß von Kräften, das der heranwachsende Mensch der Gegenwart aufbringen muß, um sich Anpassung an die Gesellschaft zu erarbeiten – bei diesem Wesen, diesem Neurotiker lag es brach. Es strömte aus allen Poren seiner besessenen Person, wenn er sich vor Zwischenrufen und Gegenrednern sicher wußte. Es strahlte wie ein Magnetismus von seiner ordinären Stimme aus, seinen Gebärden, seinen funkelnden Mausaugen, seinem drittklassigen Rednerdeutsch. Mit einer Suggestionskraft sondergleichen verkörperte er den kleinbürgerlichen politischen Spießer, den Rassegläubigen, das Dritte Reich. Und da er seinen Hörern das Paradies auf Erden verhieß, in das sie alle mit ihm eingehen würden, und da er unermüdlich gegen den Marxismus trommelte, der ihnen allen gegen den Strich ging, unbequem war, Furcht und Widerspruch erregte, liefen sie ihm zu wie Kinder im Märchen dem Rattenfänger von Hameln. Sie waren zwar durch die Inflation und den Krieg wie durch den ganzen Gesellschaftsaufbau längst aus ihrem bürgerlichen Stand herausgeworfen worden, aber sie weigerten sich zuzugeben, daß ihr Heil darin gelegen hätte, ihre Lage zu erkennen und in der Umgestaltung des Produktionsapparates Ausweg aus ihren Nöten zu suchen. Sie wollten nicht ihre »Persönlichkeit« aufgeben.

In allen deutschen Großstädten sehnten sich Millionen danach, einen Ersatz für das verlorengegangene Lebensgefühl, die entschwundene Lebenssicherheit zu finden, ohne Kampf, ohne Selbstentsagung, ohne Eingliederung in die Massen, ohne politischen Bruch mit der Vergangenheit. Sie wollten sich nicht fortpflanzen, sondern hinauf. Den Sinn ihrer Leiden nicht erblicken, indem sie unter sich sahen, auf die Massen der Maschinensklaven, sondern empor zu den Werkherren, denen sie früher einmal angehörten. Sie hatten längst vergessen, daß sie zwischen 1789 und 1849 ihre bürgerlichen Lebensrechte auf den Barrikaden gegen die Truppen der Aristokratie, der Höfe hatten erkämpfen müssen neben den Arbeitern als Gleiche unter Gleichen.

Und nun kam jemand mit den Gebärden und der Kraft eines beschwörenden Magiers und gelobte ihnen das Paradies auf Erden, eine Herrenzukunft, Befehlsgewalt. Um dies zu erreichen, brauchten sie nur an ihn zu glauben, ihm bedingungslos zu folgen, ihm und seinen Kreaturen mit dem Stimmzettel, also »streng legal« zur Macht zu verhelfen. Es gab dann für sie kein Gewissen mehr, das einem Beichtvater Rechenschaft schuldig war, keine Menschenrechte mehr, die geachtet werden müßten, kein Koalitions- und Streikrecht mehr, das ihnen hätte unbequem werden können. Die Frau gehörte wieder ins Haus und durfte kochen, gehorchen, gebären, nicht aber sich bilden, dem Mann durch Widerspruch unbequem werden, ihm im Arbeitsprozeß Plätze wegnehmen. Die Arbeiter aber hatten auf ewig Arbeiter zu bleiben und würden, wenn sie das nicht wollten, von einer modern bewaffneten Prätorianergarde niedergeworfen werden, zu der jeder Hitlerist gehören durfte! Und alles in Uniformen, alles in Reih und Glied, alles mit Stahlruten und Maschinenpistolen, alles mit Herz und Hand fürs Vaterland! Dies sind die Zaubermittel des modernen Rasputin deutschbürtiger Prägung.

Daß aus dieser laterna magica alle Juden ausgeschlossen werden sollten, auch wenn sie ihr noch so gern gedient hätten, war die einzige unabdingbare These des Schamanen, und die wurde ihm gewährt. Daß sie zu einer Mordorgie an Wehrlosen führen würde, sahen vor allem diejenigen Deutschen nicht, die den sogenannten geistigen Antisemitismus verkörperten. Daß aber mit ihr die Frage der Menschenrechte und der modernen Gesittung überhaupt stand und fiel – wer von denen hätte das ahnen sollen, die sich niemals mit den Erfahrungen und Zaubermitteln jenes wirklichen Rasputin bekanntgemacht hatten! Rasputin als Zar – das war dem deutschen Bürgertum von 1933 vorbehalten geblieben, unumschränkter als jeder Zar, tiefer in die Massen greifend als je ein Rasputin oder Gapon. Deutsche Organisierbarkeit und Gründlichkeit, gepaart mit kleinbürgerlicher Modernität, das hatten sie zuwege gebracht – das und den Untergang jener Gesellschaftsschicht, die einen Hitler brauchte, um sich retten zu lassen.

»A jeder Mensch hat halt a Sehnsucht«, dichtete der junge Gerhart Hauptmann, selbst ein typischer Sproß des deutschen Kleinbürgertums. Und nun wollen wir dieser Schicht nicht vergessen, in welchem Maße sie durch ihre Söhne und Töchter zum Aufbau der deutschen, der europäischen, der Weltkultur beigetragen hat. Weder das siebzehnte noch das achtzehnte und das neunzehnte Jahrhundert sind denkbar ohne die ununterbrochene Begabtenschar aus diesem Kleinbürgertum. Das religiöse, das musikalische, das gelehrte und das literarische Deutschtum mit allem, was es von Luther bis Nietzsche, Freud und Einstein der Welt gegeben, ist typisches Kleinbürgertum und erfüllt von einer Produktivität, die, endlich in die richtigen Kanäle geleitet, auch das zwanzigste Jahrhundert mit einer neuen, der sozialistischen Geisthaftigkeit hätte durchsetzen können. Daran aber lag den herrschenden Klassen in keiner Weise. Die Verdrängung der Wirklichkeit, die Angst vor ihr, die Resignation, die Erwachsenwerden verlangt, lastet auf jedem Kind und bleibt auf jeder Seele lasten, die als Gruppe etwas Kindhaft-Unselbständiges behalten hat; nur die Geistlichkeit, die Aristokratie und das Proletariat gelangen zu einer sachgemäßen und ungeknickten Erdenbürgerschaft – in deutscher Sprache. Das deutsche Bürgertum aber war immer hin- und hergerissen zwischen dem Anschwärmen der hohen und höchsten Stände und der Angst, dem Grauen vor Armut und Knechtschaft; anders als »Knechtschaft« vermochte der deutschbürgerliche Mensch der neueren Zeit den vierten Stand nicht zu bezeichnen.

Und nun kam ein Messias gerade für die im Absinken begriffenen Massen der Deutschen, kam in Uniform, militärisch lackiert, ein Schwärmer für den Gehorsam und die Unterordnung der anderen und ein Verbrenner von Büchern und geistigen Menschen wie nur je ein Verfolger des Professors Hus! Ein Gruppen- und Standesinstinkt, zusammengesetzt aus der Intelligenz und Findigkeit von Dutzenden von einzelnen, hatte diesen Hitler erwählt, sich nicht in ihm getäuscht – bis zum vorletzten Punkte, wie immer in solchen Fällen. Im letzten nämlich versagen diese falschen Talente und hysterischen Begabungen immer, als Schauspieler wie als Musiker, als Staatsmänner wie als Dichter. Daß sie außerstande sind, vor diesem letzten Schritt innezuhalten, auch das gehört zu ihrer Infantilität und schlechten Konstitution – sich bescheiden können setzt Gesundheit und Reife voraus, und das gerade fehlt ihnen immer. Trifft aber eine solche Figur auf ein Kräftereservoir in einer solchen Klassensituation, so entsteht eine ungeheure Spannkraft, die ganze Dynamik, welche Unzufriedenheit mit den gegebenen Realitäten heißt, entlädt sich in einer Richtung, und das Ergebnis ist die Dynamik eines Wasserfalles, ein Katarakt, der in einen Abgrund stürzt und führt.

## 5. Kapitel    Das Triebleben

Entscheidend und bezeichnend ist das Wort »Infantilität«, das wir eben gebrauchen mußten und schon einmal gebraucht haben, um die Haltung dieses Messias zu beschreiben. Er ist ein typisch deutsches und kleinbürgerliches Gespenst, alle seine Abenteuer spielen sich zunächst in der Phantasie ab, die ja für das Kind das Mittel katexochen ist, sich die Welt zunächst einzuverleiben, sie später mit der realen zu vergleichen und sich dieser anzupassen. Und während nun der Mönch Rasputin ein wirklicher Fresser, Säufer und Hurer ist, dessen Kraft in der Vitalität eines wilden und ungebändigten Bauern wurzelt, erweist sich Herr Hitler auch darin auf einer früh infantilen Stufe, daß er vor der Realität eigentlich Angst hat. Seine Unfähigkeit, Entschluß zu fassen, rührt daher, seine Maßlosigkeit, sein Defekt im Abschätzen von Wirkungen und den Gegenwirkungen, die sie hervorrufen müssen. So wie er danach brennt, anderen Menschen Schmerzen zuzufügen und sie töten zu lassen, möglichst viele umzubringen, ohne den Finger dabei zu rühren, so spielt sich auch sein Leben als Lüstling ab, nur mit gemalten oder gefilmten nackten Frauen, und sofern sie von seinen sogenannten Künstlern fabriziert sind, müssen diese Akte ein möglichst naturvortäuschendes Gepräge aufweisen, künstlerisch also wertlos sein.

Ein Kleinkind versteht nichts von Kunst, ihm scheint eine Sache um so besser gelungen, je eher sie es instand setzt, sie mit der Wirklichkeit zu verwechseln oder diese über dem geträumten Besitz im Spiel zu vergessen. So ist der eigentliche Rasputin ein Realist, und wenn er Genüsse nimmt, so schenkt er auch welche, indes ein Hitler nur sich selber Lust zuführen und erweisen kann, indes die Außenwelt sich mit dem Besitz seiner kostbaren Person zufriedengeben muß, des Erlösers, der ganz einfach alle Bedürfnisse seiner Auftraggeber und Klasse wie mit dem Wunschhütlein beseitigt. »Gott sprach und es ward, er befahl und es stand da.« Zum Unglück für die Welt hat nämlich eben die Klasse eben diesen Wachträumer und Onanisten in die Lage versetzt, durch bloße Befehle auf die Realität dort einzuwirken, wo seiner seelischen Stufe und Reife nach lediglich selbstbefriedigende Träume beabsichtigt waren, sofern man den Grad von Reife und Erwachsenheit in Betracht zieht, bei welchem dieser Adolf Hitler in seiner Entwicklung stehenblieb. Es muß ihn von Mal zu Mal mit Unglauben und Staunen erfüllt haben, daß seine Wünsche in Erfüllung gingen, daß ein großes Volk ihm unterworfen, ein Stück Weltwirtschaft nach »seinem« Diktat aufgebaut, ein ungeheueres, höchst modernes Heer ihm gleichsam zum Spielen ausgerüstet, trainiert und überantwortet wurde.

Der realistische Rasputin suchte Macht, Sekt, Einfluß auf Hochgestellte, und für sein Bett möglichst hochgezüchtete Frauen, Töchter der herrschenden Schicht, Reinkarnationen der Gutsherrin und ihrer Töchter von einst. Er kostete die Erde nicht allzuviel Blut, seine Auftraggeber nicht allzuviel Geld. Der Traum-Rasputin Adolf Hitler aber kostete die Welt die größte Orgie an Zerstörung, an ertränkten, erschossenen, verbrannten, gebombten, verschütteten und zerfetzten Menschen, die man je als Zins von ihr eingehoben, und seine Auftraggeber einfach alles. Denn von ihnen, den deutschen Konservativen, Junkern, Oberlehrern und Kleinbürgern, wird nichts übrigbleiben, was an die Glanzzeit Wilhelms des Zweiten oder der Weimarer Republik würde erinnern können. Der »Mönch« Adolf Hitler, ein Ausschweifender der Selbstbefriedigung wie nur irgendein verwahrloster Asylistenjunge, muß natürlich zum Totengräber einer Realität werden, die sich ihm ausliefert oder die ihm ausgeliefert wird, und wie der wirkliche Rasputin nur eines harten und schnellen Todes stirbt, geht dieser Adolf Hitler in tausend Anfällen von Todesangst phantasiehaft zugrunde, bevor ihn die Kugel eines Enttäuschten erreicht oder er sich selbst das tötende Gift injiziert oder beibringt, das auf ihn wartet; sofern er sich nicht, was freilich auch naheliegt, in die Rolle des Feldherrn und Soldaten so sehr hineinspielt, daß er die Angst vor der Waffe überwindet, die er als Parteiführer einige Male gegen die Decke des Bürgerbräukellers abgefeuert.

So tut man gut, einmal die Bildnisse dieser beiden Männer nebeneinander zu halten, das des »Väterchens« Rasputin von 1915 und das des »Söhnchens« Adolf Hitler von 1939. Der eine mit einem Wald von Haaren ausgestattet, einem scharfen bannenden Blick, einer schwarzen Soutane, der andere gescheitelt, mit gestutztem Haar und Bärtchen, in die Weite gerichteten Mausaugen und jener Uniform, die er mit dem unvermeidlichen Stehkragen und Schlips des Bürgers zu kombinieren wußte. Der eine schweigsam, mit zusammengekniffenen Lippen, geheimnisvoll lächelnd, der andere mit aufgerissenem Mund, dem dummen, von der eigenen Suada betrunkenen Ohr des Redners. Und so beendete der eine nur eine Ära des mittelalterlich-feudalen Despotismus, einer rußlandfremden Dynastie und ihrer Trabanten, der andere aber die des deutschen Imperialismus, gesalbt und verbrämt mit allen oberflächlich erfaßten Resultaten monistischen Denkens und hochgezüchteter, ihres Geistes beraubter Technisierung, denn der Sinn der Maschine ist und bleibt die Befreiung des Menschen von der Sklavenarbeit – nicht des Deutschen oder des Kleinbürgers, sondern des Menschen überhaupt, der damit frei wird für schöpferische Spiele und Zwecke, für Muße und Genuß der Natur und des Geistes, der Kultur und ihrer Aufgabe, heute, morgen, immerdar. Denn die Arbeit des Menschen ist nicht dazu da, Familien, Stände, auserwählte Gruppen zu bereichern, sondern das Leben der Massen so menschenwürdig zu gestalten, in der Wirklichkeit, wie sie es in ihren Wünschen und Träumen immer ahnten. Der Mensch ist begabt, und er will seine Begabtheit betätigen; damit er es aber kann, muß die Gesellschaft so gestaltet sein, daß sie jeden einzelnen an dem Platze hält, wo er für das Ganze und für sich am sinnvollsten tätig ist und am freudigsten sich einsetzt.

## 6. Kapitel    Deutsche Geschichte

Stellen und beantworten wir nun noch die Frage, warum gerade das deutsche Volk zu einem so gelehrigen Werkzeug der Barbarei, einer so vorzüglichen Gefolgschaft für den Rattenfänger von Hameln werden konnte. Wir brauchen uns dabei nicht in die Tiefen der Völkerpsychologie zu verlieren; das geschichtliche Werden des deutschen Staates gibt hinreichend Aufklärung über diese Frage.

Der Deutsche ist weder besser noch schlechter als einer seiner Nachbarn; das Gemisch, aus welchem die Geschichte ihn hergestellt hat, macht ihn weder tauglicher noch untauglicher zum Untertanen als den Franzosen oder den Russen. Zum Unglück für den Deutschen aber blieb er stets in der Hand von 36 Monarchen, die einander Hilfe leisteten, wenn ihre »Schützlinge« sich gegen sie zusammenrotten wollten. Dann vergaßen die von Gott eingesetzten Herzöge, Erzbischöfe, Könige und Kaiser ihre sonst so wichtigen »deutschen Streitfragen« und kamen einander zu Hilfe, wohlgepanzert und zu jeder Art von Folter und Blutvergießen bereit. Auf diese Weise kam es zu zwei Wirkungen. Die erste bestand darin, daß sich ins deutsche Gemüt die Erfahrung eingrub, Aufstände gegen die Herren seien nutzlos, von Gott verdammt und zu furchtbarem Mißlingen verurteilt. Die zweite führte zu einer Auslese und Züchtung des folgsamen Untertanen. Auf der einen Seite schlossen sich die rauferischen, brutalen und beutegierigen Naturen aus der Untertanenklasse der Herrenschicht an, indem sie sich in ihren Diensten auszeichneten, auch und vor allem gegen ihre Eltern und Brüder; sie stiegen allmählich zu Rittern auf und gründeten ihrerseits Herrengeschlechter (vergleiche Franz Oppenheimer »System der Soziologie«, IV, 2. Abt.). Auf der andern Seite aber sahen sich von Anfang an diejenigen Gruppen und Individuen zur Emigration gezwungen, die sich dem herrschenden Druck nicht unterwerfen wollten, aber auch entschlossen waren, sich nicht in den zahllosen Kriegen und Fehden umbringen oder verstümmeln zu lassen, die ein Kennzeichen der deutschen Geschichte sind. Diese Schichten, Träger charaktervoller oder eigensinniger Freiheitsliebe, wanderten im Mittelalter nach Osten, in der Neuzeit nach Amerika ab; auch die Schweiz erhielt, nicht nur im 19. Jahrhundert, reichlichen Zuzug; was in Deutschland blieb, hielt sich immer den Bibelsatz vor Augen: »Jeder Mann sei untertan der Obrigkeit, die Gewalt über ihn hat, und gebe dem Kaiser, was des Kaisers ist, und Gott, was Gottes ist.«

Was an revolutionärem Elan in den Menschen noch steckte, verbiß sich, um politisch ungefährlich zu sein, in religiöse und intellektuelle Spekulationen und Streitfragen und untersuchte etwa, was mit dem Worte »Untertan« gemeint sei oder was von den Pflichten des Staatsbürgers durch sein Verhältnis zu Gott geregelt werde; das Sektiererwesen der Deutschen und ihre Manie zu politischen Parteibildungen auf Grund haarspalterischer Unterscheidungen hatte hierin eine seiner Wurzeln.

Eine andere trieb sie zu immer neuen Vorwänden politischer Inaktivität, da die Gewalt der Obrigkeit eine höchst reale blutige Lehrmeisterin war und dem Unterbewußtsein oder Gruppenbewußtsein der Beherrschten ein bestimmtes Wissen nicht fremd war, nämlich daß sich nur mit der Entschlossenheit zu gewalthafter Auflehnung, bereit zum Einsatz der eigenen Freiheit, Gesundheit und des Lebens, politische Wirkungen erzielen ließen, auch sofern man das Recht auf seiner Seite hatte. So kam es, daß sich die Deutschen für politisch frei hielten, wenn sie nur »das Recht« auf ihrer Seite hatten und bereit blieben, nötigenfalls der Gewalt zu weichen, wenn die Herrenklasse sie anwandte. Man blieb dann immer noch pensionsberechtigt und vor Mangel geschützt und brauchte nicht ins Ausland zu gehen – im Deutschen hat »Ausland« und »Elend« die gleiche sprachliche Wurzel und Bedeutung.

Niemand kann also verkennen, daß der Deutsche nicht ein geborener, sondern ein gewordener Sklave ist, und daß man ihn möglicherweise wird umerziehen können, gerade weil er sich als so gelehriger Schüler erwiesen hat. Aber wie ich es bereits in meinem Buche »Caliban oder Politik und Leidenschaft« vor zwanzig Jahren darlegte: es muß die Obrigkeit selber sein, die von ihm die Folgsamkeit verlangt, sich umerziehen, zur Selbständigkeit schulen zu lassen. Als die Republik von Weimar es unterließ, dies zu erkennen und zu praktizieren, grub sie sich ihr eigenes Grab, leider aber auch das Millionen anderer Europäer, Amerikaner und Kanadier, die weniger folgsam gegen die deutschen Herren zu sein wünschten.

Daß man bei einer solchen Umerziehung auch den Wortlaut und politischen Sinn der religiösen Dokumente und Grundlagen nicht wird schonen können, auch daran werden sich die Völker gewöhnen müssen. Das Erdbeben von Lissabon am 1. November 1755 kostete nur 90 000 Menschen das Leben, von denen zwei Drittel in einer 5 m hohen Flutwelle ertranken, die es zur Folge hatte; also verhältnismäßig ohne große Qual umkamen. Die Eruption von Machtgier und Angst in den deutschen Junkerseelen erzeugte eine Menschenflutwelle, die beiden sogenannten Weltkriege, und die Zahl derjenigen, die ihnen – und auf wie grauenhafte Weise – bereits erlegen sind und noch erliegen werden, wird sich neben den Opfern von Lissabon ausnehmen wie ein Bernhardiner neben einem Pekinesen. Gleichwohl sind beide Eruptionen Naturkräften zu verdanken, die einen aus dem Innern des Planeten stammend, die anderen aus dem Inneren des Menschen, der Massen. Gegen Flutwellen des Meeres haben wir begonnen, uns durch Deiche zu schützen; gegen die Flutwellen der Seelen haben wir vorläufig nur Moralvorschriften und Erziehungswege, die letzten Endes auf die zehn Gebote zurückgehen, welche seinerzeit auf einem Sinaiberg erlassen wurden, bedeutsamerweise ebenfalls unter vulkanischen Eruptionen. Diese zehn Gebote und alles aus ihnen Folgende hat sich aber nur als wirkungsvoll erwiesen für den einzelnen; für das Leben der Staaten, Könige und Gruppen hat man immer noch den Krieg gestattet und seine Wurzeln, den Macht- und Bereicherungstrieb, ohne diesen Zustand in seiner Gefährlichkeit für die gesamte menschliche Gesittungskruste zu erkennen. Erst wenn der Mensch bereit ist, für die Festigung dieser Gesittungskruste ebenso viele Opfer zu bringen, wie er bereit wäre, zur Festigung der Erdkruste beizutragen, wenn er es könnte – erst dann dürften wir auch auf eine Erscheinung wie den Herrn Hitler das Goethesche Wort anwenden, er sei »ein Teil von jener Kraft, die stets das Böse will und stets das Gute schafft«.

Setzt man also eine zukünftige deutsche Regierung in den Stand, auch die politischen Triebe und ihre wirtschaftlichen Entsprechungen anzutasten, welche in den Besitzverhältnissen an Grund und Boden und an den Produktionsmitteln bestehen – setzt man, wiederholen wir, eine demokratische deutsche Regierung in diesen Stand, ohne ihr in den Arm zu fallen und ohne sie und das deutsche Volk zu ächten und zu isolieren, so wird auch dieser Krieg und diese scheußliche Orgie der Zerstörungswut, des Destruktionstriebes beanspruchen dürfen, einen Sinn gehabt zu haben, wie ein Sarkom einen Sinn hat, das der Chirurg entfernt, dabei das Innere des betroffenen Menschen auch nach anderen Gesichtspunkten in Ordnung bringend. Man verlasse sich darauf, daß der Patient dann vor Rückfällen geschützt sein dürfte.

## 7. Kapitel    Die Pflicht der Wirklichkeit

Die Umwelt hat solchen Menschen gegenüber die unumgängliche Pflicht, ihnen die Schranken der Wirklichkeit entgegenzusetzen.

Der Alltag, so gut oder schlecht er sei, die dreihundertfünfundsechzig Tage des Jahres mit ihrem nüchtern-farbigen Auf und Ab sind solchen Asozialen gegenüber zu verteidigen und in ihr Recht zu setzen. Das Genie erkennt man daran, daß und wie es diese höchst realen Schranken bewältigt oder wie es sich mit ihnen abfindet. Im Falle Hitler hieß dieser Alltag Kaiserreich und Weimarer Republik. Es war ihre Pflicht, dem deutschen Volke, seiner Kultur und der Gesamtheit Europas gegenüber, auf der Wacht der Wirklichkeit vor dem asozialen Raubtier zu stehen und ihm jene Zäune zu errichten, die dem asozialen Kinde vom täglichen Schul- und Heimbetrieb dargeboten werden. Das Kind hat ein Recht auf die Korrektur durch diese Wirklichkeit, denn wie sollte es sich sonst im Leben zurechtfinden lernen? Der asoziale Erwachsene, der arbeitsscheue und arbeitsunfähige Tagträumer hat von Gesellschafts wegen den gleichen Anspruch auf Zurechtweisung, Widerstand, Besserungshaft. Wächst er schon so auf, daß er seinen Süchten, Genäschigkeiten und Selbstbefriedigungen zum Opfer fällt, muß die Gesellschaft ihm die Unnachgiebigkeit des realen Außenlebens zu Gemüte führen. Indem sie sich vor ihm schützt, schützt sie ihn selbst vor den Folgen seiner Ausschweifung. Da er schlimmer ist als jeder Haschischesser, Opiumraucher oder Morphinist, so sollte sie ihm das Kokain seiner Wahngestaltungen entziehen und dadurch nicht nur ihn, sondern alle seine Mitlebenden vor den Kräften behüten, die der Zerstörungstrieb in diesem Menschen maßlos und notgedrungen entfesselt.

Im Jahre 1923 war die Weimarer Republik noch stark und gesund genug, den Putschisten Hitler wenigstens einzusperren, obwohl diese Ehrenhaft als Ergänzung nicht die Abfassung von »Mein Kampf«, sondern eine psychiatrische Behandlung verlangt hätte. Danach aber wirkte die systematische Aushöhlung dieser Republik durch die deutschen Konservativen jeder neuen Lektion gleicher Art entgegen. Die beiden Zauberworte »nationale Ehre« und »Juden raus« taten ihre Wirkung an einem Staatswesen, das niemals den Mut gefunden hatte, sich zu dem zu bekennen, was es war: zum Bruch mit der preußisch-militärischen Tradition. Auf diese Weise konnte die Schlupfwespe Hitler der großen Raupe Republik jene lähmenden Stiche in die Nervenknoten versetzen, die sie zur Beute der auskriechenden Larve »Hitlerbewegung« machten. Das Ei nämlich, das solch eine Schlupfwespe der gelähmten Raupe injiziert, entwickelt sich zu einer Larve, die ihren Wirt bei lebendigem Leibe aushöhlt. Dieser kann nicht wegkriechen, aber er kann sich nähren und leben, indes die Larve seinen Leib verzehrt, bis sie schließlich die tote Raupe verläßt und ihrerseits als Schlupfwespe davonfliegt. Daß sich die Weimarer Republik wie diese Raupe benahm, ist ihre Schuld und ihre historische Mitverantwortung an den Geschehnissen unserer Tage. Ein Staat darf sich nicht wie eine Raupe benehmen, einem bösartigen Insekt gegenüber.

Keinesfalls freilich soll das als Entschuldigung für den Typus Hitler gelten. Niemand ist von Natur dazu verurteilt, seinem Zerstörungstrieb zu verfallen, seiner Bosheit nachzugeben, keinerlei Sinn für geistige und moralische Werte zu haben und lediglich ein Kriterium für das, was Recht ist, anzuerkennen: den Erfolg. Kein noch so verwahrloster Junge muß in die Lüge verliebt sein und sein läppisch überhöhtes Selbstgefühl zur einzigen Richtschnur seines Werdens nehmen. Nichts berechtigt ihn, es so weit auszudehnen, daß seine zoologische Abstammung, die er sich andichtet und arische Rasse nennt, zum Schlüssel der Welt und der menschlichen Leistung wird. Ein Kind, das seinen Vater tödlich fürchtet, muß selbstverständlich aus Abstammung und Rasse einen Adelsbrief machen. Wenn die Bevölkerung fast ganzer Erdteile auf diesen unsäglichen Humbug hineinfällt, so spricht das im wahrsten Sinne des Wortes Bände – nämlich Bände der Anklage gegen Verdummung und Wissenszerstörung.

Das Geschöpf Hitler, der ganze Typ Hitler, mag bedauernswert sein oder komisch, wenn man so will; aber komisch wie der scheußliche Caliban, den Shakespeare im »Sturm« malte, und genauso zur Rechenschaft zu ziehen wie dieser Sohn der Hexe Sycorax. Weder er noch die Kreise derjenigen dürfen schuldlos gesprochen werden, die sich seiner Fähigkeiten bemächtigten, um eine Klassenherrschaft aufzurichten und sie über Staaten, Länder und Satrapien auszudehnen. Vielleicht werden wir selbst noch einmal aus diesem schauerlichen Zwischenspiel gewisse Früchte ziehen. Vielleicht wird der aggressive Nationalismus am Ende dieser Hitlerei für Generationen diskreditiert sein. Vielleicht entsteht wirklich der Bund der Vereinigten Demokratien Europas aus dem Trümmerhaufen, den dieser neue Krieg hinterlassen muß. Dennoch war er nicht nötig, um Europa zu einen, wie kein Hitler nötig war, um das zu beweisen, und wie kein verwahrlostes Kind ein gieriger, bösarti-

ger, rasender Faulpelz werden muß, der den infantilen Drang verewigt, sich von den Erwachsenen nähren und kleiden zu lassen.

## 8. Kapitel    Infantilität

Auf alle Fälle ordnet das Stichwort »Infantilität« zwei hervorstechende Eigenschaften des Herrn Hitler seinem Bilde und dessen Deutung ein. Zum ersten: daß er seinen Einfluß, seinen Zwang auf die Massen losließ als Redner; als Redner allergewöhnlichsten Kalibers, grob, schreiend, mit Gossenvokabular und Gossenwitz am Anfang seiner »Staatsmannschaft« und erst in ihrem Verlauf etwas geschliffener und polierter. Zum zweiten: daß er weder Fleisch noch Bier noch Wein zu sich nimmt und weder dem Nikotin noch einem Schnäpschen gewogen sein soll. Um mit dem zweiten anzufangen: solche Genüsse sind Zeichen der Erwachsenheit. Wir erkennen ja allgemein das Heranwachsen eines Kindes an seinem Übergang von der milchigen, breiigen und gemüslichen Nahrung zu derjenigen, die aus Fleisch, Brot und Kartoffeln besteht und zu deren Genuß der Löffel nicht mehr ausreicht. Behält jemand in seiner Seele an der wichtigsten Stelle den Habitus des kleinen Kindes bei, in ihn verliebt und nur in ihn, sich selbst, so wird er die Erwachsenenwelt auch in ihrer Nahrungsaufnahme verleugnen, ablehnen. Er mag dann geschickt genug sein, diesen Protest einzukleiden und auszunutzen, komödiantisch oder kindhaft, um Eindruck zu schinden, als Besonderer zu erscheinen, als Abgesandter von irgend etwas, wie viele musische oder spirituelle Menschen sich die Haare wachsen lassen, was in der Bibel als Nasirtum beschrieben ist. Nicht also mönchische Askese machte aus Herrn Hitler den Vegetarier. Er ist vielmehr einer der ausschweifendsten Menschen der Welt in der Phantasie aller Richtungen wie in der Realität des Machttriebes.

Und wiederum, wie dem Kleinkind, dient ihm zum Werkzeug dieses Machttriebes die Kehle, das Geschrei. Es ist bezeugt, daß er ohnmächtig ist, sobald es ihm nicht gelingt, eine Situation herbeizuführen, in der er loslegen kann. In der Unterhaltung, in der Debatte versagt er völlig. Das kennt der Kinderpsychologe, wie es die Mütter und Pflegerinnen zu beobachten gewöhnt sind. Das kleine Kind tyrannisiert durch sein Geschrei und entzückt durch die Fortschritte seines Lallens und Sprechens. Die Kehle wird ihm zum ersten Werkzeug der Beeinflussung und bleibt auf diesem Stadium der Entwicklung das einzige, mit dem es seinen Willen nicht nur ausdrücken, sondern anderen aufzwingen kann – so lange sie es sich gefallen lassen. Muß es doch dem Kleinkind mit seiner sehr beschränkten Erfahrung ausgemacht erscheinen, daß es das Heranbringen von Nahrung und Süßigkeiten lediglich seinem Geschrei verdankt, und ebenso alle anderen Sorglosigkeiten seiner Umgebung, der Mutter, und daß es elend verhungern müßte, wenn es nicht schriee. Es gehört schon eine Erziehungskunst dazu, die Klara Hitler, geborene Pölzl, als niederösterreichische Häuslerstochter ihrem Erstgeborenen gegenüber nicht besessen zu haben braucht, um dem ungestümen Wesen klarzumachen, dem sie das Leben gab, es werde auch dann nicht vergessen, wenn es still vor sich hinspielend die Essenszeit erwarte. Der Zwang, durch Schreien ausgeübt, verewigt in den Begriffen eines solchen Wesens die Verlötung von Macht, Einfluß, Eroberung der anderen und den Gebrauch der Kehle, der Stimmbänder, des Mundes.

Im Falle Adolf Hitlers fehlte auch ganz und gar die Fähigkeit, sich in fremdes Sein, andere »Iche« hineinzuversetzen, aus dem Komödiantischen das Schauspielerische zu entwickeln. Dieser Akteur vermag nur einen einzigen Typus zu agieren: den eigenen, den hitlerischen. Aber durch diese Typenordnung wird vor allem begreiflich, daß das Hitlerische gleichbedeutend mit dem Barbarischen sein muß. Denn das kleine Kind, entblößt von seinen Reizen und nur mit der Erwachsenenwelt verglichen, ist selbstverständlich ein Barbar – was anderes sollte es sein? Laßt ihm eine Rembrandtsche Radierung in die Hand fallen, und es wird sie zerreißen wie irgendein Bilderbuch. Bringt eine Vase aus Ming-Porzellan in seine Reichweite, und es wird sie auf den Boden pfeffern und sich am Platzen freuen, am Herumfliegen der bunten Scherben. Wer wäre dafür zu schelten? Derjenige, der es mit so kostbaren Dingen in Berührung brachte.

Das Kleinkind ist der legitime Barbar. Nur daß man ihm nicht sieben Jahre lang Gelegenheit gibt, die köstlichen Kulturschätze zu zerreißen oder aus dem Wagen zu pfeffern, die, nacheinander aufgezählt, deutsch-jüdischer Kulturanteil heißen, Weimarische Republik, europäische Nachkriegsordnung, Entmilitarisierung des Rheinlandes usw., deutsche Schwachbewaffnung, Saargebietsabtretung, österreichische Unabhängigkeit, Aufbau des tschechoslowakischen Staates, Deutschtum in Südtirol, Bestehen des polnischen Staates und der polnischen Nation, Deutschtum in den Ostseeprovinzen, Leben und Größe des Deutschen Reiches, Dänemarks, Norwegens, Hollands, Belgiens und Frankreichs. Mit allen diesen Dingen durfte das Kleinkind Hitler ein Weilchen »spielen«. Erst als es an den Gesittungsschatz Europas in Gestalt der westlichen Demokratien tastete, schritten die Erwachsenen ein – noch lange nicht alle Erwachsenen; und heute, 1940, ist zwar der Endeffekt ihrer Anstrengungen so gut wie sichergestellt. Aber ihr Ausmaß – wer wollte wagen, darüber zu orakeln?

Als 1920 im Münchener Zirkus Krone Herr Hitler seine ersten politischen Versammlungen abhielt, erschienen dafür Plakate, auf denen stehen durfte, Juden sei der Zutritt verboten. Die damalige Bayerische Volksparteiregierung tat nichts, um diese Beleidigung zu verhindern, so sehr sie auch gerade der bayerischen Tradition ins Gesicht schlug. Daraufhin veröffentlichte ich in mehreren Zeitungen Aufsätze, in denen vorhergesagt wurde, dieser geduldete Antisemitismus, diese Verleugnung der Demokratie müsse sich zuerst und zuletzt an der Deutschen Republik selber rächen. Weiter wagte man damals nicht zu schreiben, obwohl man wußte, daß in München und in Berlin ausländische Beauftragte saßen, die der deutschen Reaktion ihren Antisemitismus verziehen, wenn sie der Revolutionierung Europas Einhalt tat und die Zerstörung der Friedenskeime vereitelte, die, wie man glaubte, von den Roten beabsichtigt wurde. Das Kind Adolf hat, durch sein stürmisches Tempo, dafür gesorgt, daß einige der überaus weisen Lenker Europas von damals noch am Leben sind und die Wirkungen ihrer Taten mitschmecken dürfen. Freilich nur so, wie Staatsmänner das tun, aus der Loge gleichsam. Im Parterre sitzen, auf der Bühne agieren die einfachen Leute, der durchschnittsgeborene Bürger und Arbeiter, der gemeine Soldat. Schließt man den japanisch-chinesischen Schauplatz ein, so befanden sich vor Italiens Kriegserklärung 1467 Millionen Menschen im Kriegszustand und nur etwa 800 Millionen im Frieden. Laßt uns mit einiger Kühnheit sagen, daß all dies aus dem Basiliskenei ausgekrochen ist, welches vor rund 50 Jahren in Braunau am Inn gelegt wurde.

Wir vergessen dabei nicht, wie vielfältig und schwer auffindbar die Ursachen von Massenbewegungen solcher Art sind und daß einzelne Menschen dabei nur ganz ausnahmsweise entscheidend eingreifen. Aber von Zeit zu Zeit sind solche einzelnen imstande, solche Massenbewegungen umzudirigieren, abzuleiten, zu verändern. Der Mann, der seinerzeit gegen den damaligen ersten Lord der Admiralität, Winston Churchill, den Abbruch des Gallipoliunternehmens veranlaßte, erzeugte damit nicht die russische Revolution von 1917. Aber er verursachte den Radikalismus, mit dem die Bolschewiki die Parole »Frieden um jeden Preis« ergriffen und mit dem die Massen des russischen, ausgebluteten Volkes diese Absicht bejahten. Hätte man Rußland durchs Schwarze Meer mit Kriegsmaterial versorgen und mit Gold unterstützen können, so hätte die russische Revolution nicht den Weg des Sonderfriedens betreten müssen. Rußland wäre im Felde geblieben bis zum allgemeinen Friedensschluß, die Staaten der Entente hätten keinen Grund gehabt, es des Verrats im Kriege anzuklagen, und die Beziehungen zwischen dem neuen Rußland und dem Westen wären von Anfang an freundschaftlich geblieben. Das hätte, wie man sieht, die großen Fakten nicht geändert. Aber die Atmosphäre um sie hätte sich völlig anders gestaltet, mit zahllosen Folgen im einzelnen und kleinen. So hat nicht etwa Herr Hitler eine Massenbewegung hervorgerufen, die sich gegen den Bestand Europas seit 1919 richtete. Aber er hat sie umgeleitet und aufs stärkste beeinflußt. Aus einer positiven, mit schöpferischen Keimen durchsetzten Unruhe hat er jenen trübgärenden Brei des Bösen gemacht, den wir voll Abscheu zur Kenntnis nehmen. Sein Einfluß verpestete den Idealismus zahlloser Deutscher, und das lohnt wohl oder übel eine Untersuchung, nämlich die der Frage, wie und weshalb ihm dies gelang.

## 9. Kapitel    Wunsch und Wirklichkeit

Daß die Erkenntnis der Hitlerdämmerung immer allgemeiner wird, gibt uns das Recht, auch unsererseits die Blicke vorwärtsschweifen zu lassen. Wenn wir das deutsche Volk als Ganzes begreifen wollen, ziehen wir eine mittlere Diagonale zwischen zwei Kraftfeldern, von denen das eine gestaltet wird durch die überirdische Herrlichkeit der h-Moll-Messe oder des Isenheimer Altars, das andere durch die untermenschliche, durchaus untertierische Bestialität und Schurkerei all der Massenschlächterei, die uns aus Polen, dem Balkan, Rußland, Westeuropa berichtet wird. Diese beiden Facetten hat das deutsche Wesen. Und das Groteske der Sachlage will, daß der oberste General und Anstifter der Schlächterei sich für einen Kollegen und Nachfahren der anderen Kategorie hält, für einen Künstler und reinen Toren. Zum Glück kann er nichts hervorbringen, was den plumpesten Durchschnitt überragt. Das ist kein Wunder, da Herr Hitler in nichts ein Unikum ist, sondern ein Durchschnittswesen, wie es Landschaft und Menschenschlag im Alpenvorland hervorbringt. Was ihn über alle Alltagsschranken hinaushebt und ihn befähigt, zehn Jahre lang den neuen Attila zu spielen, das hat nichts mit Begabung zu tun, die wir weder unter- noch überschätzen. Es wird sich eines Tages in den Studien der Nervenärzte und Psychologen das Material ordnen und zu einem Gesamtbild zusammentreten, das heute noch auf Widerstand stößt, wenn man es in kurzen Worten formuliert.

Die Eigentümlichkeit des Menschen will, daß er lieber von einem Genie und Göttersohn besiegt und in den Staub getreten werden sein will, als von einem gerissenen Reklamefachmann, welcher vom Durchschnitt nur abweicht wie ein Geistesgestörter von den Scharen der Gesunden. Daher gelang den Nazis der doppelte Streich, ihrerseits Gegner erst herabzusetzen und in allen Formen zu beschimpfen, sie dadurch zu isolieren und dann anzugreifen und umzubringen – sich selbst aber jede Kritik von außen zu verbitten und eine Zone der Weihe und des Tempelvorhofs um ihren Adolf zu errichten. Es kann sein, daß sich diese Praktik auch noch nach dem Sturze des Herrn Hitler eine Zeitlang bewährt; im allgemeinen aber gilt Abraham Lincolns Wort: Du kannst viele Leute eine lange Zeit belügen oder alle Leute eine kurze Zeit, aber Du kannst nicht alle Leute auf lange hinters Licht führen. Da sich auf der Figur eines einzelnen Menschen ein raffiniertes System von Raub, Mord und Lüge aufgebaut hat, ist es klar, daß diesem einzelnen im Grab keine Ruhe gelassen werden wird, wie das Volk zu sagen pflegt. Wie bei so vielen Monarchen oder Heiligen, denen nach ihrem Tode Doppelgänger erwuchsen, wird auch ohne Schwierigkeit ein falscher Hitler gefunden werden, ohne seinen Erfindern mehr zu nutzen als der falsche Waldemar oder der falsche Sebastian den Brandenburgern oder Portugiesen.

Was gegen die Erfindung und Ausbreitung einer Hitlerlegende getan werden muß, wenn dieser Alp erst von unserer Welt genommen sein wird, das steht auf einem anderen Blatt. Heute und hier halten wir es für wichtig, darauf hinzuweisen, daß dieser Hitler an seiner gierigen und stupiden Strategie zugrunde geht und nicht nur an dem Wunder der Roten Armee. Weit davon entfernt, diese großartige russische und menschliche Leistung zu verkleinern, richten wir hier nur den Blick auf die gehäuften Fehler der Gegenseite, der so lange so viel gelungen ist.

Daß dieser Fehler für den Neudeutschen typisch ist, hebt ihn über das Zufällige hinaus. Es ist die materialistische Gier, auf eroberten Gewinn nicht rechtzeitig verzichten zu können, um statt dessen lieber dasjenige mit voller Kraft zu verteidigen, was bescheidenen Ausmaßes, aber rechtmäßig und von den Vätern erworben worden ist. Auch diesen Fehler zeigten die Deutschen schon gegen Ende des vorigen Krieges. Als Marschall Foch im Sommer 1918 vor der Frage stand, ob Ludendorff seine Verteidigungslinie an den Rhein zurückverlegen würde, sagte er sich: nein. Er würde unfähig sein, auf die französischen und belgischen Landstriche, die man erobert hatte, rechtzeitig zu verzichten und die riesigen Mengen an Material stehenzulassen, die man dort eingebaut oder erbeutet hatte. Er würde die Deutschen noch auf französischem Boden angreifen und besiegen können. Das berichtet Raymond Reculey und zitiert Fochs Worte, diese Deutschen seien viel zu materialistisch gesonnen, um das zu können. So erfolgte am 8. August der schwarze Tag des deutschen Heeres bei Spissons.

Nach demselben Prinzip weigerte sich Hitler, den Generalen zu folgen, die von Ludendorffs Fehlern und General Hoffmanns Darstellungen gelernt hatten. Um des Prestiges willen setzte er das Ganze aufs Spiel. Aus Gründen der Außen- und der Innenpolitik gab er nicht zu, daß die Offensive auf Stalingrad fehlgeschlagen war, im vorigen Jahre die zu spät angesetzte auf Moskau. Hätte er die Kraft besessen, rechtzeitig seine Heere in Winterquartiere zu führen und etwa den Don und Donez zur Basis eines Verteidigungsgürtels zu machen, so hätten diejenigen recht behalten, die Stalin für einen falschen Propheten hielten, als er von der Möglichkeit sprach, die Entscheidung noch diesen Winter herbeizuführen. Aber der wirkliche Staatsmann und

Feldherr erweist sich dort, wo es gilt, die realen Tatsachen auf ihre Tragfähigkeit hin zu beurteilen und auf den Schein zu verzichten, selbst wenn dieser Verzicht große Ansprüche an die Seelenkraft der Massen stellt.

Wer vieles errungen hat, muß haltmachen können, um nicht alles wieder zu verlieren. Zu unserem Glück trog uns die Überzeugung nicht, daß dies einer Person wie Herrn Hitler und seiner ganzen Kaste oder Klasse nicht gegeben sei. Wenn jemand jemals Wunschbild und Wirklichkeit verwechselte, so er. Um ein Phänomen wie ihn handhabbar zu machen, benutzen wir Erkenntnisse, die wir Sigmund Freud und der schweizerischen Psychiatrie verdanken, die sie alsbald (Bleuler-Jung) richtig zu werten wußte. Der reife und erwachsene Mensch unterwirft sich jenem Prinzip, das an der Wirklichkeit, der Realität die Erfüllbarkeit seiner Wünsche reguliert, nicht am Eigensinn und Größenwahn. Wer sich selbst für den größten Deutschen hält, der je gelebt hat (Rauschning), gehört in eine Reihe mit den Primitiven oder Wilden (psychologisch genommen) oder kleinen Kindern, die erst am Beginn gesellschaftsfähigen Seins stehen. So ordnen sich Hitlers Tobsuchtsanfälle, seine wilde Mordlust und seine Unfähigkeit, zu begreifen, was Kultur ist, einheitlich zusammen: ein Mensch, nicht oberhalb, sondern unterhalb alles Normalen, jeder durchschnittlichen Reife und Gesellschaftsfähigkeit – ein Wilder im zwanzigsten Jahrhundert, der stolz darauf ist, ein Wilder zu sein.

Daß es im Nachkriegsdeutschland eine kleine und eine große Klasse gab, die sich einer solchen Person bedienten, um ein aufstrebendes Staatswesen zu vernichten, hebt den historischen Ablauf, dessen Opfer wir alle wurden, über alles Zufällige hinaus. Wir, bedeutet nicht den Leser oder den Verfasser, sondern buchstäblich alle Menschen, die heute auf Erden leben. Alle Schicksale in unserem Jahrhundert wären anders verlaufen – hier hat Sir Robert Vansittart vollkommen recht –, wenn sich im deutschen Volke nicht eine Oberschicht befunden hätte, die bereit war, das Äußerste zu wagen, und eine Unterschicht, die ihr blindlings zu folgen entschlossen war, weil die Geschichte 1918 andere Wege gegangen war, als jene wünschten. Erst nach diesem Kriege wird sich erweisen, ob die Verwechselung von Wunsch und Wirklichkeit im europäischen Zusammenleben wirklich nur dem deutschen Nationalcharakter angehört oder ob sie eine breitere übernationale Basis hat.

114

## 10. Kapitel   Warum Herr Hitler kein Genie ist

Wir sähen keinen Anlaß, uns mit der Meinung zu beschäftigen, daß Herr Hitler, um solches zu bewirken, ein schmutziges, aber ein Genie sein müsse, wenn dieser Begriff sich nur in den Köpfen junger Deutscher fände. Sie, in Deutschland aufgewachsen und geprägt, mögen sich diesem Irrtum hingeben oder auch nicht, das hätte keine Folgen. Der märchenhafte Aufstieg des böhmischen Gefreiten zum obersten Kriegsherrn zwischen dem Atlantik und dem Kaukasus darf wohl die Phantasie aller Jugendlichen mit der Bewunderung füllen, die Jugend einem solchen Durchbruch aus dem Nichts zur Weltbedeutung immer zollen wird. Da die Analyse des wirklich Geschehenen Generationen braucht, um vom kleinen Kreis der Sachverständigen aus ins Allgemeine zu dringen, warum sollten wir uns schon heute mit dieser Frage und Antwort an den Leser wenden? Es genügt ein einziger Gedankenzug. Er hat die Aufgabe, die Entschlossenheit zu rechtfertigen, mit der die Ausrottung des Hitlerismus betrieben werden muß, soll Kultur Kultur bleiben und die Existenz des Menschen noch einen Sinn haben.

Viele Zeitgenossen bewundern die grauenhafte Geschicklichkeit, mit der Herr Hitler die schwachen Stellen in ganz Europa aufzuspüren verstand, um sie sich dienstbar und seinen Zielen und Erfolgen tributär zu machen. Sie schreiben ihm eine diabolische Geschicklichkeit und Sicherheit des Instinkts dabei zu. Ohne es zu wissen, trugen sie dadurch zu diesen Erfolgen bei, eine Atmosphäre von bewunderndem Entsetzen um ihn verbreitend. Kein Kaninchen will von einer Durchschnittsschlange gefressen werden. Soll es schon einem Python zum Opfer fallen, so muß es wenigstens der größte und grausigste sein, der je von einem Baum herunterhing. Dabei hat uns Herr Hitler in seiner Bibel »Mein Kampf« und in den Äußerungen, die seine Bewunderer aufzeichneten, bevor sie, wie Herr Rauschning, seine Gegner wurden, den Schlüssel zu seinem Wesen wie zu seinen Erfolgen auf den Tisch gelegt. Ein Geschöpf, das unter allen Umständen kleines Kind bleiben will, um alle seine Launen mit Geschrei, wildem Theater, drohenden Fäusten und schlagenden Beinen der Umwelt aufzuzwingen, ist natürlich wertblind. Es vermag die Gründe nicht zu erkennen, um derentwillen die anderen Menschen auf die gleichen Triebbefriedigungen verzichten. Wer sich der Lust beraubt, die im Tyrannisieren liegt, muß so einem als Idiot erscheinen – jedem Menschen nämlich, der die Gründe für die Einordnung in den Kulturzusammenhang und die Gesittungsstufen der Erwachsenenwelt aus Trotz und Selbstgerechtigkeit verwirft. Ein wütender und trotziger Wechselbalg erreicht vieles, denn nicht jeder nimmt die dauernde Anstrengung auf sich, ihn geduldig zurechtzuweisen, seine Launen ohne Zorn zu brechen, seine Begierden aufs rechte Maß zurückzuschneiden und ihn die Freuden zu lehren, die im Verstehen der wirklichen Welt liegen, zum Beispiel im Begreifen des Alphabets.

Bei Rauschning findet man den Satz des Herrn Hitler, er wolle den Völkern das Glück des Analphabetentums wiedergeben. Der deutsche Diktator weiß also nicht, daß die ganze Menschheit das Analphabetentum als Unglück empfindet, ja daß der Staatsmann Lunatscharski einmal als Sinn und Glück der russischen Revolution die Tatsache beschrieb, das Licht in den Augen der Menschen sei anders geworden.

Nun steht dieser Hitler mit der Einschätzung des Alphabets als eines Unglücks ja nicht allein in der Welt. Zwei große Kategorien Menschen teilen sie mit ihm – und auf beide kann er infolgedessen wirken und rechnen. Die einen, zahlreichen, sind die Faulen oder Schwachbegabten, die das Alphabet, d. h. ihre Eingliederung in den Kulturzusammenhang der Gegenwart, nicht bewältigen können oder wollen. Die anderen sind an Zahl viel geringer, an Einfluß aber weit beträchtlicher – diejenigen nämlich, die aus der Trägheit der ersteren Nutzen ziehen, die sie für sich arbeiten lassen und ewig unten halten in Dienstbarkeit und dumpfer Ergebenheit. Dieser Drang zur Unterjochung und zum Unterjochtwerden gebietet in der menschlichen Seele über starke Kräfte, genau wie der gegensätzliche Drang zum Aufstieg und zur Befreiung, dem wir so viel verdanken, unter anderem die moderne Demokratie.

Wenn nun jemand, wie Herr Hitler, außerstande ist, die Lust der Befreiung zu spüren? Die er vielmehr nur seinen Göttern und Auftraggebern vorbehält, den herrschenden Klassen, die ihn zu ihrem Werkzeug erkoren? Zuallererst den Offizieren vom kgl. bayerischen Infanterieregiment Nr. 18 und danach allen Herren, die an ihre Stelle traten und ihren Platz einnahmen, überall in Europa? Dann wird er mit der Instinktsicherheit des Wilden oder des verwahrlosten Kindes in jeder neuen Umwelt, mit der er sich beschäftigt, die schwachen Stellen finden. Es wird diejenige sein, wo sich

die Triebe zum Herrschen und zum Knechtseinwollen aneinander-
fügen. Diese Fuge, dieses Gelenk zu treffen und auszunutzen, dazu
bedarf es keiner Genialität. Jedes schlecht geratene Kind leistet diese Aufgabe jeden Tag, denn nur so setzt es sich innerhalb seiner
Umwelt durch, mit Schmeichelei und Trotz, Geschrei und Ergebenheit, kindlichem Charme und kindischer Selbstverliebtheit.

Da in jedem Lande und jeder Gesellschaft Personen und Gruppen vorhanden sind, die auf solche Art am schnellsten beeinflußt
werden, ist die Erfolgsserie des Herrn Hitler und seines Reiches
kein Wunder, da er ja an die Gewalt glaubt wie ein garstiges Kind,
das von seinem Vater übers Knie gelegt und zerdroschen werden
möchte. Die Psychologie nennt das Masochismus und Sadismus
und hat recht damit; die Verhältnisse des täglichen Lebens aber
bringen solche Fakten auf ihre eigene, höchst nüchterne Art zum
Vorschein. Wer als Kind den Rohrstock anbetete, wird als Erwachsener nur schwer dazu zu bringen sein, an Überredung, Abstim-
mung und freien Beschluß zu glauben. Aus einer faulen Trulle wird
niemals eine fleißige, freiwillig mitarbeitende Gefährtin, aus einem
arbeitsscheuen, in sich selbst verliebten Anstreicher niemals ein
zivilisierter und die Zivilisation verstehender Mitbürger. Da er aber
von der wilden Stoßkraft, die in jedem Besessenen steckt, nicht den
Gebrauch macht, den die schwere Aufgabe des Erwachsenwerdens
von ihm verlangt, eignet er sich auf großartige Weise zum Werkzeug aller derer, die in seinen Instinkten die Richtung ihres eigenen
Klassenwillens spüren, bewundern und benutzen.

Mit einem solchen Instinkt und Werkzeug aber gibt es kein Pak-
tieren. Entweder besteht der Kulturgang der Menschheit im Erwachsenwerden jedes einzelnen und jeder Gruppe, wie wir glauben
und erkennen. Oder er besteht darin, daß kleine Gruppe fauler und
arbeitsscheuer Alldeutscher die Menschheit in eine Einrichtung
verwandeln wollen, bei der sie am besten auf ihre Rechnung kommen. Entweder hatte es einen Sinn, daß sich die Jahrhunderte eu-
ropäischer Entwicklung ablösten, immer größere Massen von
Menschen ins Licht führend, oder das hatte keinen Sinn, die Kim-
bern und Teutonen wurden zu Unrecht besiegt, und die Weltge-
schichte dreht sich im Kreise.

Nun, solchen Glauben und Aberglauben mögen die Faschisten
aller Art hegen, die Anbeter eines ewigen Mittelalters. Wir Menschen von 1940 wollen und können damit nichts zu tun haben. Bei

diesem Entweder-Oder darf es keine halben Lösungen geben. Dieser Unweisheitszahn muß gezogen werden, auch wenn Europa ziemlich lange mit einer dicken Backe herumlaufen müßte. Der Europäer muß erkennen, daß die Gewalt, allen neuen Theoretikern zum Trotz, nur zur Abwehr von Angriffen taugt, sonst aber in die Irre führt. Der Deutsche muß von seinem Sonnen-Adolf lernen, daß schon sein Sonnen-Bismarck und sein Alter Fritz ihn in eine Sackgasse gefahren haben, wie Napoleon I. Frankreich in eine Sackgasse fuhr. Aber die französische Republik verstand zu lernen – das bewies sich erst an General Boulanger, dann an der Dreyfus-Affäre. Freilich brauchte sie dazu drei Generationen, währenddessen Deutschland immer wieder zum Herrschaftstrunk verführt wurde und so schließlich, in Ermangelung von etwas Besserem, den widerwärtigen Hitlerfusel trank und schlang. Soll das Ergebnis dieses Krieges auch für Deutschland etwas wert sein, so muß es den Deutschen die Vergangenheit erleuchten, bis weit hinter den Siebenjährigen Krieg. Im Lichte dieser Magnesiumfackel muß der ganze Frontabschnitt grell und mit schwarzen Schlagschatten daliegen, auf welchem seit 1740 das Kolonialdeutschtum der Mark Brandenburg und der Ostprovinzen gegen den europäischen Geist gekämpft und gesiegt hat. Mit ungeheurer Deutlichkeit muß sich dem Durchschnitt der Schluß aufdrängen, daß in den letzten 200 Jahren zum Scheitern verurteilt war, was noch tausend Jahre früher in Europa gelang: eine Reichsgründung durch die Gewalt des Schwertes, und daß die Eroberung Schlesiens ein teurer Spaß war, auf die Länge der Zeit gesehen.

Daß der Typus Hitler noch einige andere Facetten hat, außer denjenigen, die wir hier hervorholten, leuchtet ein. Die neurotische Störung einer Seele hat leider nicht die Radikalität der Psychose. Sie gestattet dem Befallenen, in großen Bezirken des Lebens normal zu erscheinen und zu funktionieren. Das asoziale Ich findet sich mit überraschender Geschicklichkeit und selbst Geriebenheit in vielen Distrikten wie ein Erwachsener zurecht. Es ist auch völlig zurechnungsfähig im Sinne des Rechts und der Verantwortung. Denn niemand ist verpflichtet, seinen Süchten nachzugeben, niemand ist ein Märchen- und Wunschheld, der es sich leisten darf, in die Welt hinauszugehen, wie ihn Gott geschaffen hat, und sie zu zwingen, sich mit ihm abzufinden. Wer nicht an sich arbeitet, der trägt die Kosten. Leider nicht er allein.

# Anhang

# Nachwort

Die zeitkritischen Texte, mit denen antifaschistische Autoren unmittelbar auf die Willkür- und Gewaltherrschaft des NS-Staates reagierten, waren von Beginn an mit Fragen und Diskursen zum Typus Hitler verbunden. Schon die Tatsache, daß die autoritären Machtstrukturen in dem immer wieder beschworenen »Führerprinzip« ihren zusammengefaßten Ausdruck fanden, bedingte ein spezielles Interesse für die Herkunft und die geistige Physiognomie des »herrschenden Typs«, für dessen Vorhaben, Denkmuster und Verhaltensmotivationen. Weitere Anstöße zur Diskussion resultierten aus der Betroffenheit über das Ausmaß und die Erscheinungsformen eines auf Gewalt und »Gleichschaltung« setzenden Machtvollzugs sowie aus der Situation im illegalen Widerstand oder im Exil. Die Spannweite der literarischen Arbeiten, die sich der damit verbundenen Thematik näherten, ist beträchtlich. Sie reicht von politisch-operativen Gedichten über Formen der erzählenden Prosa bis zu Brechts Parabelstück »Der aufhaltsame Aufstieg des Arturo Ui«, von biographischen Studien und Analysen bis zu Thomas Manns Essay »Bruder Hitler« (1938), in dem es heißt, niemand sei der Aufmerksamkeit für das »Lebensphänomen« Hitler und der »Beschäftigung mit seiner trüben Figur« überhoben.

Heinrich Mann und Arnold Zweig, beide kritische Begleiter ihrer Zeit, Erzähler und Essayisten von Rang, wandten sich diesem Problemfeld bereits in den ersten Monaten ihres Exils zu. In dem Essayband »Der Haß. Deutsche Zeitgeschichte«, mit dem er im Sommer 1933 die Reihe seiner Streitschriften gegen das »Regiment des Unmenschentums« einleitete, charakterisierte Heinrich Mann den »Führer« und seine Steigbügelhalter als gewissenlose und gefährliche Abenteurer; ihrem vom Haß diktierten Treiben Einhalt zu gebieten erscheint als ein Gebot der Vernunft. Nicht weniger entschieden verurteilte Arnold Zweig in seiner gleichfalls 1933 vorgelegten »Bilanz der deutschen Judenheit« die Gewaltakte und die kaum verhüllte Geist- und Kulturfeindlichkeit des von Hitler repräsentierten Regimes. Von geistig-moralischen Kriterien ausgehend und deutlich auch auf psychologische Aspekte bezogen, wird die Analyse des »herrschenden Typs« im Sinne einer Verständigung aufgenommen, die sich der eigenen Erfahrungen und Aufgaben versichert.

Auch in den folgenden Jahren, bis hin zu den Ereignissen und Konsequenzen des Zweiten Weltkriegs, blieben die Arbeiten beider Autoren der Auseinandersetzung mit den Machtmechanismen des Dritten Reiches und insbesondere mit dem Führerprinzip verpflichtet. Ein wesentlicher Teil dieser zunächst überwiegend für Exilzeitschriften verfaßten Arbeiten, in denen der Aufstieg der neuen Diktatoren als ein Rückfall in die Vernunftwidrigkeit und als elementare Bedrohung des menschlichen Zusammenlebens dargestellt wird, liegt inzwischen in Werkausgaben oder anderen Nachdrucken vor. Gleichwohl ist nicht zu übersehen, daß vor allem die Gegenpositionen zur »Stillegung der Vernunft« (Heinrich Mann) sowie das Spektrum der Selbstverständigung und der kritischen Rechenschaft insgesamt noch differenzierter zu erschließen sind. Zu dieser Aufgabe versucht auch die hier vorgestellte Auswahl beizutragen: In dem bezeichneten thematischen Zusammenhang konzentriert sie sich auf Texte, die aus unterschiedlichen Gründen bislang nur im Manuskript oder in Erstdrucken aus den Exiljahren zugänglich sind und die insofern geeignet sein könnten, neue oder ergänzende Einsichten zu vermitteln.

Neben den erstmals veröffentlichten Beiträgen, zu denen die Skizze Heinrichs Manns »Das Führerprinzip« sowie die Auszüge aus seinem »Rückblick vom Jahre 1941 auf das Jahr 1939« gehören, gilt dies in besonderem Maße für den Aufsatz »Der Typus Hitler«, dessen Erstfassung Arnold Zweig im März und April 1943 in Haifa im palästinensischen Exil diktierte. Während der Arbeit am Manuskript erwog der Autor zeitweilig auch die Wahl anderer Titel wie »Hitler und die Folgen« oder »Hitler – Rasputin«. Eine Publikation mußte in der Endphase des Zweiten Weltkrieges zunächst zurückgestellt werden. Erst 1947 bot sich eine Chance zur Veröffentlichung. Die Initiative dazu ging von Dr. Adolf Sendler aus, einem emigrierten jüdischen Arzt, der wie Arnold Zweig in Haifa Zuflucht gefunden hatte und in der Mitte der vierziger Jahre im Auftrag der britischen Verwaltung als offizieller Betreuer des deutschen Kriegsgefangenenlagers in Fanara/Ägypten tätig war. Im Rahmen eines Programms der Reedukation begründete er in diesem Lager eine »Schriftenreihe zur deutschen Selbsterkenntnis«, in der unter anderem auch eine Sondernummer »Arnold Zweig 60 Jahre« erschien. Für diese mit dem Titel »Warner und Künder« versehene Schriftenreihe stellte Arnold Zweig zwei Manuskripte zur Verfügung: den von ihm redaktionell überarbeiteten Lebensbericht Hilde Hupperts »Engpaß zur Freiheit« (in späteren Auflagen »Fahrt zum Acheron«) und »Der Typus Hitler« (ergänzt durch einen zweiten Teil unter der Überschrift »Das Nachkriegsrätsel«). Mit dem in Fanara angefertigten Manuskriptdruck war Zweig bei aller Freude über die Verbreitung der Texte allerdings nicht ganz zufrieden; für einen späteren Druck wünschte er sich, wie er am 12. Oktober 1947 an Dr. Sendler schrieb, ein handlicher und freundlicher gestaltetes Format. Vorsichtig abwägend äußerte er sich über die gegebenen Wirkungsmöglichkeiten: In einem Brief an Feuchtwanger nannte er die für Kriegsgefangene bestimmte Schriftenreihe »eine dünne Brücke ins kommende Deutschland«.

Zur Voraussetzung der Texte gehört bei all ihrer Unterschiedlichkeit der Versuch, die »Macht des autoritären Fetischs« (Arnold Zweig) bloßzulegen und eine geistig-moralisch fundierte Haltung des Widerstandes gegen das Führerprinzip und den »Typus Hitler« zu befördern. Die Ansprüche und Praktiken der Diktatur werden nicht einfach hingenommen oder gar als ein Faktum von schicksalhafter Unvermeidlichkeit gewertet, sondern mit kritischer Aufmerksamkeit sondiert. Dies geschieht auf der Grundlage und mit dem Ausdruck einer unverkennbaren Subjektivität, die den Gegenstand ihres Interesses in ein Spannungsfeld vielfältiger Bezüge und Assoziationen versetzt. Mit analystischer Prägnanz und, wo es geboten erscheint, auch mit satirischer Schärfe werden persönliche Einsichten und Wertsetzungen geltend gemacht. Die Festigkeit des Urteils schließt dabei ein sorgsames Abwägen von Argumenten und Begründungszusammenhängen ein, so daß auch für den Leser Raum gegeben ist, sich, im Einvernehmen wie im Widerspruch, an der Suche nach tragfähigen Antworten zu beteiligen.

Besonderes Augenmerk lenken die Betrachter zunächst auf die Voraussetzungen für das Zustandekommen und Funktionieren der Diktatur. Wiederholt und von verschiedenen Seiten her wird die von Heinrich Mann thematisierte Frage »Wie kommt eine Nation auf solche ›Führer‹ herunter?« in das Blickfeld der Diskussion gerückt. Zum Nachweis politischer und ökonomischer Abhängigkeiten tritt der Versuch, weitere Einfluß- und Wirkungsfak-

toren kenntlich zu machen: die empfindlichen Folgen einer Preis-
gabe geistiger Traditionen, ein Befangensein in obrigkeitsstaatli-
chen Denkmustern und Verhaltenskategorien, ein Mangel an na-
tionaler Selbsterkenntnis und demokratischer Willensbildung.
Der in Gang gesetzte Prozeß des Nachdenkens über die eingetrete-
nen Verluste erscheint bei alledem keineswegs als abgeschlossen;
deutlich wird vielmehr, daß weitere Annäherungen an die gestellten Fragen geboten sind.

Zudem finden sich in den Vorschlägen und Sichtweisen der
Autoren neben grundsätzlichen Gemeinsamkeiten durchaus auch
unterschiedlich gesetzte, zum Vergleich und zum Dialog heraus-
fordernde Akzente. Heinrich Mann entwirft eine Charakteristik
des herrschenden Typs, die insbesondere den Kontrast zwischen
der angemaßten Machtfülle und dem Defizit an wirklicher geistiger und moralischer Autorität zur Geltung bringt. Die entschiede-
ne Anklage des Machtmißbrauchs erhellt zugleich, daß es sich bei
den Machthabern des Dritten Reiches um »unbeglaubigte Existenzen« handelt, um einen »Typ von grundsätzlich Unberufenen«,
von Machtbesessenen ohne Legitimation, ohne Maß, Redlichkeit
und Rechtsgefühl. Durch den bloßgelegten Widerspruch zwischen
ihrem offiziellen Status und ihrem oft grotesk aufgeputzten Komö-
diantentum werden dann auch die komischen Seiten ihres Erschei-
nungsbildes transparent. Das maßlos gesteigerte Pathos der »Führer« wird als banale Demagogie enthüllt, das Machtgebaren mit
dem Anspruch auf tausendjährige Dauer erscheint als »grausige
Posse«. Diese Wertungen nehmen nichts von der Bedrohlichkeit
und dem Ernst der Situation zurück, doch sie zeigen den Mechanismus der ergaunerten Macht gerade auch in seinen Unstimmig-
keiten, in seinen irreparablen Gebrechen.

Dem Gedanken, daß Herrschern vom Typ eines Hitler groteske
Züge anhaften, daß sie Nachahmer und Spieler sind, Träger einer
Rolle mit »angeschminkter Autorität«, begegnen wir verschiedent-
lich auch bei Arnold Zweig. Des weiteren gewinnen auf dessen
Schriften namentlich die von Sigmund Freud entwickelten Positionen der Psychoanalyse einen spezifischen Einfluß. Vornehmlich
in den Analysen zum Typus Hitler spiegelt sich die Rezeption von
Denkansätzen Freuds, die in ihren Voraussetzungen und Konsequenzen noch genauer zu untersuchen ist, bis in Details des metho-
dischen Vorgehens und des sprachlichen Ausdrucks wider. Anzu-

merken ist in diesem Zusammenhang, daß Zweig auch die 1943 in London publizierte Studie »The Psychology of Fascism« zur Kenntnis genommen hat, deren Verfasser Peter Nathan gleichfalls von psychoanalytischen Verfahren ausgeht. Seine Notizen zu den von Nathan beschriebenen Befunden sind zugleich deshalb von Interesse, weil sie die – wiederholt Mißverständnissen und Vorurteilen ausgesetzte – Intention bestätigen, aus der Psychoanalyse resultierende Einblicke mit Erkenntnissen sozialhistorischen Charakters zu verbinden. Eben diese Gesichtspunkte verweisen schließlich auch auf Bezüge zwischen den Betrachtungen zum Typus des »Führers« und der gleichzeitigen Arbeit an dem Roman »Das Beil von Wandsbek« und an anderen (zum Teil noch unveröffentlichten) Projekten.

Zu den Streitschriften Heinrichs Manns gegen die NS-Diktatur hat Arnold Zweig 1935 in der »Neuen Weltbühne« vermerkt, sie seien ein Beweis dafür, »daß im allgemeinen Sturz die Stimme der sittlichen Vernunft auch deutsch fortfuhr zu reden«; und sie stünden für den Willen, »nicht durch Fahrlässigkeit mitschuldig zu werden an der Gefährdung der menschlichen Gesittung, für die alle Geistigen mitverantwortlich sind«. Eine gleiche Grundintention, und damit ist auf den Ausgangspunkt zurückzukommen, läßt sich für seine eigenen zeitkritischen Beiträge beschreiben. Die Besonderheiten im Erfahrungs- und Vorstellungshorizont, in der Denkweise und der Diktion korrespondieren mit übergreifenden Momenten im Widerstand gegen einen zynischen, nationalistisch verklärten Mißbrauch der Macht. Und noch eine weitere Übereinstimmung zeichnet sich in den Texten ab: Ohne das Ausmaß der existentiellen Bedrohungen abzuschwächen, setzen beide Autoren auf die Möglichkeiten anders beschaffener sozialer Realitäten, die nach dem Maß der Vernunft und der Gesittung und mit Bezug auf das eigene Land in den Perspektiven einer europäischen Zusammenarbeit gedacht werden. Erkennbar bleibt auch hier ein Gestus der kritischen Reflexion, die offen ist zum Gespräch und zum Weiterdenken, zum Einbringen und Bewußthalten der eigenen Erfahrung.

Die Wiedergabe der Texte folgt jeweils den Erstdrucken beziehungsweise den Manuskripten aus den Schriftstellerarchiven der Deutsche Akademie der Künste zu Berlin, deren Mitarbeitern an dieser Stelle für die gewährte Unterstützung zu danken ist. Die

Beiträge auf den Seiten 9-60 sind für die Aufnahme in die Akademie-Ausgabe der „Gesammelten Werke" Heinrich Manns vorgesehen. Orthographie und Interpunktion, letztere unter Wahrung charakteristischer Eigenheit, wurden den geltenden Regeln angeglichen; korrigiert wurden ebenso einzelne Schreib- bzw. Druckfehler in den Vorlagen.

Werner Herden

# Anmerkungen

11   *»Unerbittlich wild ...«* – Zitat aus dem Buch »Monsieur Bergeret à Paris« von Anatole France (1844-1924).

     *verläßt ... den Völkerbund* – Die von Hitler geführte Regierung erklärte am 19. Oktober 1933 den Austritt Deutschlands aus dem Völkerbund.

13   *sich selbst zum General ernannt* – Hermann Göring, der im August 1933 zum General avancierte.

16   *Floquet* – Charles Thomas Floquet (1828-1896), französischer Jurist und Politiker, wandte sich 1888/89 entschieden gegen die Staatsstreichpläne des Generals Boulanger.

17   *»Vive la Pologne«* – (franz.) »Es lebe Polen!«

     *Boulanger* – Georges Boulanger (1837-1891), französischer General und Politiker, 1886 Kriegsminister, 1889 wegen des versuchten Staatsstreichs unter Anklage gestellt.

18   *»Warum sind wir langweilig?«* – Bezug auf die von Goebbels wiederholt bekundete Unzufriedenheit mit neuen literarischen Arbeiten in Deutschland.

21   *Herrn von Fritsch* – Generaloberst Werner von Fritsch (1880-1939) wurde am 4. Februar 1938 unter Mitwirkung Himmlers als Oberbefehlshaber des Heeres abgesetzt.

23   *Professor Gruehl* – Max Gruehl, geb. 1884, Anthropologe und Völkerkundler; sein Buch »Die Wiedergeburt des Imperiums« erschien 1937 im Berliner Schlieffen-Verlag.

     *Niederlage bei Adua* – Niederlage italienischer Truppen am 1. März 1896 in Abessinien; vereitelte den Plan zur Okkupation des Landes.

25   *le mal du siècle* – (franz.) Weltschmerz.

26   *»voraussetzungslose Forschung«* – Von David Friedrich Strauß eingeführte Formel; nach Theodor Mommsen »diejenige Forschung, die nicht das findet, was sie nach Zweckerwägungen und Rücksichtnahmen finden soll und finden möchte, was anderen, außerhalb der Wissenschaft liegenden praktischen Zielen dient, sondern was logisch und historisch dem gewissenhafter Forscher als das Richtige erscheint«.

27   *Berliner Kongreß* – Konferenz der europäischen Großmächte vom 13. Juni bis zum 13. Juli 1878 unter Vorsitz des Reichskanzlers von Bismarck.

29   *der Vorsitzende der Sektion Dichtung* – Vorsitzender der Sektion

war seit dem 27. Januar 1931 Heinrich Mann.

31 *Ein anderer König* – Henri IV (1553-1610), seit 1589 König von Frankreich.

33 *wie damals die Tschechoslowakei* – Nach mehreren Treffen mit Hitler hatte der britische Premierminister Arthur Neville Chamberlain im Münchener Abkommen vom 29. September 1938 der Abtretung tschechoslowakischer Gebiete an Deutschland zugestimmt.

34 *Pitt* – William Pitt der Jüngere (1759-1806), britischer Staatsmann, von 1783 bis1801 und von 1804 bis 1906 Preministerminister, Gegenspieler Napoleons.

36 *Kemal* – Mustafa Kemal (1881-1938), Ehrenname: Atatürk (»Vater der Türken«), türkischer Staatsmann, seit 1923 Staatspräsident.

39 *Dreyfus-Affäre* – Alfred Dreyfus (1858-1935), Offizier im französischen Generalstab, 1894 auf Grund falscher Anschuldigungen zu lebenslänglicher Deportation verurteilt. Massive Proteste erzwangen 1899 seine Freilassung und schließlich eine Aufhebung des Urteils.

40 *meine Nichte* – Erika Mann (1905-1969).
*foudre de guerre* – (franz.) Kriegsheld.

45 *Grand Siècle* – (franz.) das große Jahrhundert.

46 *eine komische Figur* – Anspielung auf Wilhelm II., dessen Machtansprüche im Roman »Der Untertan« in Beziehung zu der Geschichte Diederich Heßlings gesetzt werden.

50 *meiner kriegerischen Aufzeichnungen* – Gemeint ist das »Tagebuch. Vom Beginn des Krieges bis Ende 1939«. Auszüge aus diesem Tagebuch wurden erstmals in dem Band »Heinrich Mann 1871 bis 1950. Werk und Leben in Dokumenten und Bildern« (Aufbau–Verlag Berlin und Weimar 1971, S. 495-515) veröffentlicht.

52 *Tanz mit der Weltkugel* – Charlie Chaplin arbeitete an dem Film »Der große Diktator« von 1938 bis 1940; die Uraufführung erfolgte am 15. Oktober 1940 in New York.
*new deal* – (engl.) neues Verteilen, Schlüsselbegriff für wirtschaftliche und soziale Maßnahmen der USA-Regierung unter der Präsidentschaft von F. D. Roosevelt.

53 *Leonidas* – König von Sparta, fiel 480 v. d. Ztr. bei der Verteidigung der Thermopylen gegen die Perser.
*Ein deutscher Sprecher* – Thomas Mann in seiner über die BBC verbreiteten Ansprache »Deutsche Hörer!« vom Mai 1941, aus der im vorliegenden Text sinngemäß zitiert wird.

54 *»Der ewige Friede ist ein Traum…«* – Die Äußerung Helmuth von Moltkes stammt aus einem Brief vom 11. Dezember 1880 und

lautet im Original: »Der ewige Frieden ist ein Traum und nicht einmal ein schöner.«

56  *Darlan* – Jean François Darlan (1881-1942), französischer Admiral, seit 1940 Minister und stellvertretender Ministerpräsident in der von Pétain in Vichy gebildeten Regierung.

57  *des abrutis de père en fils* – (franz.) Dummköpfe Vater wie Söhne.

58  *maison de santé* – (franz.) Privatkrankenhaus, Nervenheilanstalt; Anspielung darauf, daß Göring nach dem gescheiterten Hitlerputsch 1923 nach Schweden geflüchtet und dort in eine psychiatrische Klinik gelangt war.

*den einzig ernsten der frischen Toten* – General Kurt von Schleicher, 1932 Reichswehrminister, vom Dezember 1932 bis zum Januar 1933 Reichskanzler, am 30. Juni 1934 ermordet.

*hic nulla, nulla pax* – (lat.) hier ist kein, kein Friede.

59  »*Es ist aber der Glaube ein inneres Wissen*« – Von Heinrich Mann wiederholt verwendetes und leicht variiertes Bibel-Zitat; in Luthers Übersetzung des Hebräer-Briefes heißt es: »Es ist aber der Glaube eine gewisse Zuversicht des, was man hofft ...«

60  *parvis* – (franz.) Vorhof, Platz vor einer Kirche oder einem Dom.

64  *Röhm* – Ernst Röhm (1887-1934), Hauptmann der Reichswehr, seit 1919 in Verbindung mit Hitler, seit 1930 Stabschef der SA, einer vormilitärischen Organisation der NSDAP, am 30. Juni 1934 verhaftet und zwei Tage später erschossen.

65  *Drexler* – Anton Drexler (1884-1942), Mitbegründer der Deutschen Arbeiterpartei, aus der im Februar 1920 die NSDAP hervorging.

*General von Epp* – Franz Ritter von Epp (1868-1946), 1919 Befehlshaber eines Freikorps, gehörte zu den Förderern der NSDAP, im April 1933 zum Reichsstatthalter in Bayern ernannt.

68  *Strasser* – Gregor Strasser (1892-1934), von Beruf Apotheker, seit 1921 Mitglied der NSDAP, Gauleiter von Niederbayern, 1925 bis 1932 Reichspropagandaleiter der NSDAP, trat im Dezember 1932 nach Differenzen mit Hitler von seinen Ämtern zurück, im Juni 1934 ermordet.

*Kahr und Seißer* – Gustav von Kahr und Hans Ritter von Seißer, beide distanzierten sich nach zeitweiliger Unterstützung vom Putschversuch Hitlers am 9. November 1923.

70  *bei ernsthaften Gelehrten* – Goebbels hatte u. a. in Heidelberg studiert, wo der Germanist Friedrich Gundolf (1880-1931) seine Doktorarbeit förderte.

77  *Damals brachte ich nach Wien ...* – In Wien besuchte Arnold Zweig im Sommer 1937 Sigmund Freud, mit dem er seit 1927 in freundschaftlicher Verbindung stand.

78  *Rauschning* – Hermann Rauschning (1887-1982), Politiker und Schriftsteller, trennte sich nach zeitweiliger Sympathie vom Nationalsozialismus, veröffentlichte in der Schweiz u. a. den Band »Gespräche mit Hitler«.

*Horney* – Karen Horney (1885-1952), Psychoanalytikerin, schrieb u. a. »Der neurotische Mensch unserer Zeit.«

80  *»Die Weisen von Zion«* – anonyme antisemitische Tendenzschrift, enthält »Protokolle« einer sog. Geheimkonferenz angeblicher »Weisen von Zion«, in erster Fassung 1903, in erweiterter Version zuerst 1905 publiziert.

*nachgewiesen durch Egon Erwin Kisch* – Kisch veröffentlichte am 12. August 1933 in der Exilzeitschrift »Das Neue Tage-Buch« einen Aufsatz »Mein Briefwechsel mit Adolf Hitler«, in dem er auf widersprüchliche Angaben zur Verleihung des Eisernen Kreuzes an Hitler aufmerksam machte.

81  *das »Unbehagen in der Kultur«* – Bezug auf die 1930 veröffentlichte Schrift von Sigmund Freud »Das Unbehagen in der Kultur«.

82  *der Russisch-Japanische Krieg* – 1904/1905 um die Vorherrschaft in der Mandschurei und Korea geführt, brachte Japan eine Erweiterung seiner Einflußsphäre.

83  *Rasputin* – Grigori Jefimowitsch Rasputin (1872-1916), russischer Mönch und Wanderprophet, erlangte seit 1907 zunehmenden Einfluß auf den Zarenhof und die Politik von Nikolaus II.

85  *»Caliban oder Politik und Leidenschaft«* – Das Sigmund Freud gewidmete Buch Arnold Zweigs erschien mit dem Untertitel »Versuch über die menschlichen Gruppenleidenschaften dargetan am Antisemitismus« 1927 im Gustav Kiepenheuer Verlag Potsdam.

*Wir heißen euch hoffen* – Schlußvers aus Goethes Gedicht »Symbolum«, Erstdruck 1816, später in die »Sammlung 1827« aufgenommen.

86  *»The Phantom Rickshaw«* – 1888 entstandener Novellenband Kiplings, deutschsprachiger Titel »Die gespenstische Rikscha«.

*»The Man who would be King«* – (engl.) Der Mann, der König sein wollte.

87  *»Ehedem war es paradox ...«* – Hamlet im Dialog mit Ophelia, III. Akt, 1. Szene.

88  *Chamberlain* – Houston Stewart Chamberlain (1855-1927), englischer Geschichtsphilosoph und Rassentheoretiker.

*den Weisen von Zion* – vgl. die erste Anmerkung zu S. 80.

89  *und es soll am deutschen Wesen* – Diese Formel geht zurück auf die Verse »Und es mag am deutschen Wesen / Einmal noch die Welt genesen« aus Emanuel Geibels Gedicht »Deutschlands Beruf« (1861).

90   *Anna Freud* – Psychoanalytikerin (1895-1982), Tochter von Sigmund Freud, schrieb u. a. »Wege und Irrwege in der Kinderentwicklung«.
     *Aichhorn* – August Aichhorn (1878-1949), Vertreter der psychoanalytischen Pädagogik.

93   *Gallifet* – Gaston Alexandre Auguste de Gallifet (1813-1900), französischer General, 1871 an der Niederschlagung der Pariser Kommune beteiligt.
     *Bechstein* – Die in Berlin ansässige Bechstein-AG. gehörte zu den Förderern der NSDAP.

96   *Hänge-Peters* – Karl Peters (1856-1918), Gründer der »Gesellschaft für deutsche Kolonisation«, Eroberer und Reichskommissar von Deutsch-Ostafrika, praktizierte eine rücksichtslose Unterjochung der Kolonien.

99   *Gapon* – Georgi Apollonowitsch Gapon (1870-1906), russischer Priester, versuchte im Dienste der zaristischen Geheimpolizei Einfluß auf die russische Arbeiterbewegung zu gewinnen.

100  *katexochen* – (griech.) schlechthin, im wahrsten Sinn.

108  *Nasirtum* – abgeleitet aus dem hebräischen Wort nasir (der Geweihte); als Nasiräer wird bezeichnet, wer durch ein Gelübde zu bestimmten Verhaltensweisen (z. B. Verzicht auf Haarschnitt und berauschende Getränke) verpflichtet ist.

111  *Gallipoliunternehmen* – Die an den Dardanellen gelegene türkische Halbinsel Gallipoli war wiederholt in die Kampfhandlungen des Ersten Weltkrieges einbezogen.

113  *General Hoffmanns Darstellungen* – Aufzeichnungen des Generals Max Hoffmann (1869-1927) über den Ersten Weltkrieg; die aus der Sicht des Generalstabes beim Oberfehlhaber Ost geschriebenen Berichte nutzte Arnold Zweig auch für die Arbeit an dem Romanzyklus »Der große Krieg der weißen Männer«.

114  *Bleuler-Jung* – Eugen Bleuler (1875-1939) und Carl Gustav Jung (1875-1961), Psychiater, Leiter der Heilanstalt Burghölzli in der Schweiz.
     *Wer sich selbst für den größten Deutschen hält* – Bezug auf die von Hermann Rauschning aufgezeichneten und publizierten »Gespräche mit Hitler« (1939).
     *Vansittart* – Robert Gilbert Vansittart (1881-1957), britischer Politiker, verknüpfte die Kritik des Nationalsozialismus mit generellen Vorbehalten gegenüber Deutschland.

118  *General Boulanger* – vgl. die zweite Anmerkung zu S. 17.
     *Dreyfus-Affäre* – vgl. Anmerkung zu S. 39.

# Quellennachweis

*Die Diktatoren* – Die neue Weltbühne, III. Jg. der Wiener Weltbühne, Prag, Zürich, Nr. 4, 24. Januar 1934, S. 107–110.

*Das Führerprinzip* – Manuskript im Heinrich-Mann-Archiv der Deutschen Akademie der Künste zu Berlin. – Eine von Heinrich Mann ins Französische übertragene Fassung erschien am 2. Juni 1934 unter dem Titel »L'autorité sous la dictature« in der in Toulouse herausgegebenen Tageszeitung »La Dépêche«.

*Das weiß eigentlich jeder* – Der Schriftsteller. Zeitschrift des Schutzverbandes Deutscher Schriftsteller. Herausgeber: Schutzverband Deutscher Schriftsteller, Sektion Frankreich, 22. Jg., August 1934, Nr. 3, S. 1-2.

*Die Fürchterlichen* – Die neue Weltbühne. Der Weltbühne XXXIV. Jg., Prag, Zürich, Paris, Nr. 24, 16. Juni 1938, S. 741-744.

*Der herrschende Typ* – Die neue Weltbühne. Der Weltbühne XXXV. Jg., London, Zürich, Paris. Nr. 3, 19. Januar 1939, S. 70-77.

*Der kommende Mann* – Heinrich Mann: Mut. Édition du 10. mai. Paris 1939. S. 77-85.

*Größe und Elend Europas* – Typoskript im Heinrich-Mann-Archiv; Erstdruck in: La Semana Israelita. Jüdische Wochenschau, Buenos Aires, Jg. 2, Nr. 64, 11. Juli 1941, S. 7.

*Rückblick vom Jahre 1941 auf das Jahr 1939* – Manuskript im Heinrich-Mann-Archiv. Die in der Zeit vom März bis zum Mai 1941 geschriebenen Kapitel waren als Teil eines (nicht realisierten) Buchprojekts »Zur Zeit von Winston Churchill« konzipiert, das im zweiten Teil Heinrich Manns »Tagebuch vom Beginn des Krieges bis Ende 1939« enthalten sollte.

*Deutsche Hintergründe* – Typoskript im Arnold-Zweig-Archiv der Deutschen Akademie der Künste zu Berlin, mit handschriftlichem Vermerk »um 1936«. – In der von Maritta Rost, Jörg Arner, Rosemarie Geist und Ilse Lange erarbeiteten »Bibliographie Arnold Zweig« werden zwei Teilveröffentlichungen in hebräischer und eine in jiddischer Sprache aufgeführt.

*Alldeutsche voran!* – Typoskript im Arnold-Zweig-Archiv, mit handschriftlichem Vermerk »um 1939«; ursprünglicher, später gestrichener Titel: »Goebbels und der Antisemitismus«.

*Lesestücke für Schüler* – Typoskript im Arnold-Zweig-Archiv, mit handschriftlichem Vermerk »1942«. - Das erste Lesestück wurde am 10. April 1942 in der Zeitschrift »Orient« (Erscheinungsort Haifa) abgedruckt; ebenso wie die Aufsätze »Deutsche Hintergründe« und »Alldeutsche voran!« nahm es Arnold Zweig außerdem in das Manuskript »Notwendiges Lehrbüchlein für deutsche Olim« auf.

*Der Typus Hitler [Entwurf]* – Typoskript im Arnold-Zweig-Archiv; nach Angaben in dem von Ilse Lange bearbeiteten »Findbuch des literarischen Nachlasses von Arnold Zweig« in Berlin »nach 1948« diktiert.

*Der Typus Hitler* – Warner und Künder. Schriftenreihe zur deutschen Selbsterkenntnis. Herausgegeben von Dr. A. Sindler. T. A. des Pow. Camp 307. 6. Folge. Verlag der Tribüne, August 1947. Fanara/Ägypten. Manuskriptdruck, S. 1-21 (Exemplar des Arnold-Zweig-Archivs mit handschriftlichen Korrekturen von Ilse Lange). – Teil 2 der 6. Folge enthält Arnold Zweigs Studie »Das Nachkriegsrätsel«, aus der Auszüge in Band 16 der »Ausgewählten Werke in Einzelausgaben« (Aufbau-Verlag, Berlin und Weimar 1967) übernommen wurden.

# AtV

**Band 3**

# Arnold Zweig
# Novellen um Claudia

140 Seiten
10,80 DM
ISBN 3-7466-0003-0

Arnold Zweigs erster Roman „Novellen um Claudia", eine Liebesgeschichte, steht „noch heute in der deutschen Literatur unangreifbar in seiner klassischen Schlichtheit und formvollendeten Komposition. ... In diesem Jugendwerk finden wir nämlich ein Element, das allen späteren Schöpfungen ihr bezwingendes Klima gibt: die Menschlichkeit."
(Frank Thieß)

# A*t*V ───────

**Band 13**   Lion Feuchtwanger
Die Brüder Lautensack
Roman

326 Seiten
16,80 DM
ISBN 3-7466-0014-6

**Das Treiben um den Telepathen, den
Magier Oskar Lautensack, dem mit Hilfe
der Nazis ein schwindelhafter Aufstieg
gelingt, bis er von ihnen auf übliche Art –
durch Mord – beseitigt wird, offenbart
eine besondere Seite des faschistischen
Systems: Die Naziführung bedient sich
des Okkulten, des Mystischen, um ihre
Macht in den Köpfen und Herzen der
Massen zu festigen, eine Macht, die
Rausch, Irrationalismus und Verbrechen
an die Stelle von Vernunft, Gewissen und
Gerechtigkeit gesetzt hat. Vorbild für die
Hauptfigur ist der Hellseher Hanussen.**

# A*t*V

**Band 30**  Egon Erwin Kisch
Aus Prager Gassen und
Nächten

200 Seiten
14,80 DM
ISBN 3-7466-0033-2

Der junge Egon Erwin Kisch fand den
Stoff für seine Lokalfeuilletons auf den
Straßen und Plätzen Prags, in den Cafés
und Kneipen, den Wärmestuben und
Asylen. Er beobachtete Vagabunden,
Hundefänger, Flößer, Hopfenpflücker,
das morgendliche Markttreiben,
Versteigerungen und Razzien. Bereits die
Reportagen seines ersten Buches
offenbaren einen unbestechlichen Blick
für den „Humor der Tatsachen", die
Ironie der Dinge und alltäglicher
Geschehnisse.

# A$^t$V ——————

**Band 1**

**Allein mit
Lebensmittelkarten
ist es nicht auszuhalten ...
Autoren- und
Verlegerbriefe
1945–1949**

Herausgegeben von
Elmar Faber und Carsten Wurm
Erstveröffentlichung

Mit 25 Schwarzweißfotos
280 Seiten
19,80 DM
ISBN 3-7466-0001-4

**Der Aufbau-Verlag wurde unmittelbar
nach Kriegsende zu einem Sammelbecken
der meisten antifaschistischen und
demokratischen Schriftsteller in
Deutschland und vereinigte in seinem
Programm so unterschiedliche Autoren
wie Ernst Bloch, Johannes R. Becher,
Wieland Herzfelde, Hans Fallada, Egon
Erwin Kisch, Heinrich Mann und
Günther Weisenborn. Die vorliegende
Auswahl aus der Korrespondenz des
Verlages mit seinen Autoren in den Jahren
1945 bis 1949 spiegelt ein entscheidendes
Kapitel deutscher Nachkriegsgeschichte
wider.**

# A*t*V  **Dokument und Essay**

**Band 10**

## Paul Herrmann
## Deutsche Mythologie
Neu herausgegeben von Thomas Jung

310 Seiten
16,80 DM
ISBN 3-7466-0011-1

Was treibt den Schimmelreiter? Was hat
Frau Holle anderes zu tun, als dem alten
Barbarossa im Kyffhäuser die Wirtschaft
zu führen? Wer waren sie, all die Zwerge,
Hexen, Elfen, Riesen, die Helden der
Märchen unserer Kinderstunden, wer der
Klabautermann und die Nibelungen? Was
wird von den germanischen Frauen
berichtet zur Zeit der Völkerwanderung?
Wie wurde Ostern in heidnischer
Tradition gefeiert? Fragen, für die sich
keine Wissenschaft seit langem
verantwortlich zu fühlen schien.
Antworten gab es schon einmal zur
Genüge, bevor sie nach fatalem Mißbrauch
ins Vergessen gedrängt wurden. Die
deutsche Mythologie – ein Kompendium
des Aberglaubens, dennoch
unbestreitbarer Teil unserer Identität.

# A$^t$V

**Band 39**  Heinrich von Kleist
**Der Zweikampf**
Die Erzählungen

269 Seiten
14,80 DM
ISBN 3-7466-0042-1

Kleists Novellen handeln von „unerhörten
Begebenheiten": von einem Roßhändler,
den „das Rechtsgefühl zum Mörder und
Räuber machte", von einer unwissentlich
schwanger gewordenen Frau, die ihr
Geschick in die eigenen Hände nimmt,
von der nicht zu bannenden Sühn- und
Strafwut religiöser Fanatiker, von einem
adoptierten Sohn, der den Untergang
seiner Wohltäter heraufbeschwört, von
einem verwirrenden Gottesurteil. In dieser
Prosa ist „Schrecken, das Grauen vor dem
Rätselhaften, Zwiespalt der Vernunft"
(Thomas Mann).

# A*t*V Texte zur Zeit

**Band 29** Gisela Kraft
West-östliche Couch.
Zweierlei Leidensweisen
der Deutschen
Noten und Abhandlungen im Herbst 1990
Erstveröffentlichung

80 Seiten
9,80 DM
ISBN 3-7466-0032-4

„Sodann gab es eine Revolution, jawohl,
eine deutsche, siegreich sogar. Denn nicht
nur hatte die greise Linke nicht mehr
gewußt, was die Rechte tut, sondern auch
nicht bemerkt, daß sie selbst die Rechte
geworden war, und sich in Erz gehauen.
Da schlug ihre Stunde. Kurz darauf schlug
dein Volk wieder um. Es setzte für den
bestimmten Artikel den unbestimmten,
der zugleich ein Zahlwort ist." Gisela
Kraft, 1984 von Berlin (West) nach Berlin
(DDR) übergesiedelt, beschreibt mit ihren
besonderen Erfahrungen die
Schwierigkeiten künftigen
Zusammenlebens der Menschen ehemals
zweier Staaten.

# A*t*V  Texte zur Zeit

**Band 49**  Auch wir sind Europa.
Zur jüngeren Geschichte
und aktuellen Entwicklung
des Baltikums
**Herausgegeben von Ruth Kibelka**
Erstveröffentlichung

Etwa 200 Seiten
12,80 DM
ISBN 3-7466-0052-9

**Fast fünfzig Jahre standen die baltischen
Staaten im Schatten der europäischen
Geschichte. Nun bringen sie sich
vehement in Erinnerung. Unser Band will
Basis- und Hintergrundinformationen
zum Zeitgeschehen in Estland, Lettland
und Litauen liefern und Handbuch auch
zu kommenden politischen Ereignissen
sein.**

# A*t*V  Texte zur Zeit

Band 8

Lew S. Klejn
Verkehrte Welt
In Breshnews Lagern
Essays
Deutsche Erstveröffentlichung

Aus dem Russischen
von Bernd Funck

168 Seiten
13,80 DM
ISBN 3-7466-0009-X

Lew Klejns Verhaftung im Jahre 1981 war
vom KGB inszeniert. Wegen
Homosexualität angeklagt, verbrachte der
Leningrader Archäologe fast zwei Jahre in
Gefängnis und Lager. Diese zweite Welt
des stalinistischen Systems ist streng
geteilt: Im äußeren Kreis herrschen die
Bewacher, im inneren fristen die Häftlinge
ihr Dasein nach den Gesetzen des
Ganovenehrenkodex. Klejns fesselndes
Psychogramm dieser Kastenordnung
weitet sich zur aufregenden Analyse der
Justiz und des Strafvollzugs in der späten
Breshnew-Zeit.

# A*t*V  Texte zur Zeit

**Band 42**

# Jan S. Skorupski
# ... um die Polen zu verstehen

**Meine Gespräche mit Andrzej Szczypiorski, Andrzej Wajda, Izabella Cywiński, Lech Wałęsa, Waldemar Fydrych, Wojciech Jaruzelski, Jan Twardowski, Jerzy Urban**

Deutsche Erstveröffentlichung

Aus dem Polnischen von Ingrid Buhl, Johanna Diduszko, Sigrid Moser, Sigfried Schmidt, Andrzej Szynka
180 Seiten
Mit 8 Schwarzweißfotos
10,80 DM
ISBN 3-7466-0045-6

**Positionen und Befindlichkeiten seiner Landsleute am Vorabend einer möglichen Neuordnung Europas veranlaßten den polnischen Aventuristen Skorupski, Gespräche mit prominenten Politikern, Intellektuellen und Künstlern zu führen. Sie äußern sich (selbst-) kritisch und skeptisch zur Geschichte und Gegenwart, blicken aber auch hoffnungsvoll in die Zukunft ihres Volkes, die angesichts der deutschen Vereinigung und des Umbruchs in der Sowjetunion besonderes Gewicht erlangt.**